Samuel Wilhelm Oetter

Neue Mutmaßungen, auf was für einem Wege das gräfliche Zollerische Haus mögte zu dem Burggraftum Nürnberg gelangt sein

Samuel Wilhelm Oetter

Neue Mutmaßungen, auf was für einem Wege das gräfliche Zollerische Haus mögte zu dem Burggraftum Nürnberg gelangt sein

ISBN/EAN: 9783743605350

Hergestellt in Europa, USA, Kanada, Australien, Japan

Cover: Foto ©ninafisch / pixelio.de

Weitere Bücher finden Sie auf **www.hansebooks.com**

Neue
Muthmassungen

auf was für einem Weg

das gräulich Zollerische Hauß

mögte

zu dem Burggravthum Nürnberg

und dadurch zugleich

zu andern Herrschaften in Franken

vornämlich aber

zu der Voigthei über das Kloster Mönchaurach.

gelanget seyn

✦✧═══════════════════✧✦

in

einem Schreiben

an

S. T. Herrn
Carl Maximilian Wilhelm Petermann

Sr. Hochfürstlichen Durchlaucht zu Brandenburg, regierenden Burggravens zu Nürnberg Ober und Unterhalb Gebürgs hochverordneten Regie-
rungs, und Consistorialrath in Bayreuth

mitgetheilet

von

Samuel Wilhelm Oetter

Hochfürstl. Brandenburg Onoldebachischen und Bayreuthischen Historiographo.

HOF, verlegts Johann Gottlieb Vierling. 1773.

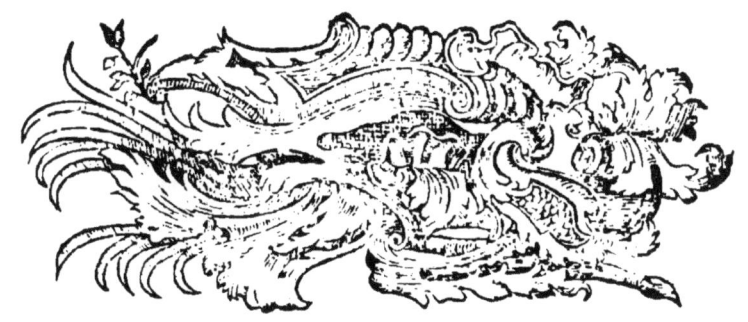

P. P.

Euer Wolgeborn sind ein Liebhaber der historischen Wissenschaften. Sie sind auch ein Kenner dieser edlen Wissenschaften; besonders der Burggräflichen Geschichte. Die Reihe der Herren Burggraven in Nürnberg und Markgraven zu Brandenburg, welche Dieselben vor einigen Jahren in deutschen Versen, kurz aber bündig entworfen und zum Druck befördert haben, diese wenigen Bögen, in welchen aber alles gesaget worden ist, sind hievon ein öffentlicher Beweis — — Sie sind überdies ein Gönner meiner historischen Arbeiten. Sie haben selbige nie mit scheelen Augen angesehen, wie so viele andere gethan — — Vielmehr haben Dieselben mich durch Dero Beifall zu andern aufgemuntert — Eben davon schreibet sich gegenwärtige Abhandlung her. Ja, eben dadurch bin ich angelocket worden, oder vielmehr so frey gemachet worden, Euer Wolgeborn neue Muthmassungen vorzutragen, welche ich in der Burggräflich Nürnbergischen Geschichte habe. Es sind diese: Auf welchem Weg ein Grav von Zollern mögte zum Burggravthum Nürnberg gelanget seyn? Es ist dies ein merkwürdiger Umstand in der burggräflichen Geschichte. Es ist dies aber auch ein merkwürdiger Zeitpunct. Denn hier hat das gräfliche Hauß Zollern den Grund zur fürstlichen Würde, den Grund zur kurfürstlichen Würde, ja so gar den Grund

zur

zur königlichen Würde geleget, den Grund zu seinem Ruhm geleget, welcher sich in
der ganzen Welt ausgebreitet hat — — So gesegnet, so glücklich war dieser Zeitpunct für das Zollerische Hauß. Destomehr wird es sich verlohnen, nach dem Weg
zu fragen: worauf dies Hauß zur burggräflichen Würde in Nürnberg gelanget ist.
Ich werde auch, als Geschichtschreiber dieses hochfürstlichen Hauses, aufgefordert,
hiernach zu fragen. Ich habe deswegen schon in den Baireuther wöchentlichen
historischen Nachrichten im ersten Jahrgang S. 217. §. 3. Muthmassungen mitgetheilet, auf welchem Weg die Herren Graven von Zollern mögten zum Burggravthum Nürnberg gelanget seyn? Nämlich durch die Bekanntschaft mit einer fränki-
schen Grävin und durch die Vermälung mit derselben. Diese Vermälung aber mögte einem Herrn Graven von Zollern sogleich den Weg zum Burggravthum gebahnet
haben. Die göttliche Vorsehung bedienet sich gar vieler Mittel, ihre Absicht hinaus
zu führen, und ein Hauß groß zu machen — — Und wer muß nicht erstaunen,
wenn er den Ursprung dieses Hauses, wenn er seine Beschaffenheit vor sechshundert
Jahren und wenn er seine jetzige Grösse bedenket — Wie viele vornehme Häuser in
Franken und in Schwaben sind nicht ausgestorben, welche mit dem gräflich zollerischen und burggräplich nürnbergischen Hause zu einer Zeit geblühet haben. Aber dies
Hauß blühet noch — Andere Häuser blühen auch noch. Aber sie sind nicht grösser
geworden — Sie haben wohl ehender abgenommen — — Dies Hauß aber ist
von Zeit zu Zeit grösser geworden, und es ist zum Erstaunen der Welt grösser geworden. Ja, es wird noch grösser — — Ein deutlicher Beweiß, daß das Auge der
Vorsehung auf dasselbe besonders sehe, aber auch zu was besondern bestimmet
habe —

Jene Muthmassung hat nach den dabey vorkommenden Umständen einen grossen
Grad der Wahrscheinlichkeit. Aber hier trift das bekannte Sprüchwort ein: Dies
diem docet — Die Vermälung eines Gravens von Zollern mit einer Grävin in
Franken hat ganz gewiß den Weg zur burggräblichen Würde gebahnet. Aber, in
der Person dieser Dame werde ich geirret haben. Eine Urkunde Kaiser Friederichs I.
vom Jahre 1158. hat mir die Augen geöfnet, und hat sie mir besser kennen lernen.
Sie gehet das Kloster Mönchaurach in unserm baireuthischen Fürstenthum an. In
dieser Urkunde machet der Kaiser unter andern auch eine Verordnung wegen der Advocatie über gedachtes Kloster. Da es nun höchstwahrscheinlich ist, daß ein Grav
von Zollern zur Advocatie dieses Klosters und zum Burggravthum Nürnberg zu einer
Zeit und auf einem Weg gelanget ist: so muß ich am ersten anzeigen, auf welchem
Weg die Herren Burggraven zur Advocatie über jenes Kloster gelanget sind.

Auf was für einem Weg die Herren Burggraven in Nürnberg zur Advocatie
über das Kloster Mönchaurach gekommen sind, das ist zur Zeit ein Geheimniß.
Wir werden aber in dieser dunkeln Sache doch ein Licht bekommen, wenn wir nach
den Wegen fragen, auf welchen man zu den Advocatien hat ehedin gelangen können.
Es

Es waren verschiedene Wege, worauf man zu den Advocatien kommen konnte.
Wenn man sich diese Wege zeigen lässet: so wird dadurch so gleich der Weg zu dem
Geheimniß gebahnet, wie nach die Herren Burggraven zur Advocatie über jenes
Kloster gekommen sind. Ueberhaupt gehörte der Schuz und Schirm über ein Kloster
ordentlicher Weise denjenigen Herzogen, Graven und Herren, in dessen Gebiet das
Kloster gelegen war. Man konnte dergleichen Advocatien auch zu Lehen bekommen.
Besonders konnte man sie von den Kaisern auf diesem Weg erhalten. Man bekam
sie von den Kaisern zu Lehen. Man bekam sie auch von den Stiftern zu Lehen; wenn
sie selbige besassen. Man kam ferner durch die Stiftung dazu. Wenn ein Herr und
zwar ein Herr vom hohen Adel ein Kloster stiftete: so konnte er sich das Ius Aduo-
catiae vorbehalten. Diese Herren behielten sich dies Recht auch insgemein bevor.
Manchmal behielten sich die Herren die Advocatie nur so lange bevor, so lange sie
lebten, und so lange jemand von ihrer Familie männlichen oder weiblichen Geschlechts vorhanden war. War dieses verloschen: so bekamen die Stifter die Freiheit sich einen Advocaten nach Belieben erwählen zu dürfen. Man gelangte noch
mehr durch das Recht der Erbschaft zu denselben. Manchmal ließ man den Stiftern
gleich bey ihrer Errichtung die Freiheit, sich einen Advocaten, der ihnen beliebte, zu
erwählen. Manchmal überliessen auch die Stifter die Besezung der Advocatien dem
Kaiser. Dieser belehnte so dann die nächste beste Person damit. Auf einem von diesen Wegen müssen die Herren Burggraven in Nürnberg zur Advocatie über das
Kloster Mönchaurach gekommen seyn. Aber auf welchem unter diesen Wegen? Auf
dem ersten wol nicht. Das kaiserliche hohenstaufische Hauß hatte in ganz Franken
die Advocatien über alle hohe und andere Stifter. Da die Herren aus diesem Hause selbige nicht versehen konnten: so gaben sie selbige andern Herren zu Lehen. Zum
Beweiß dieser Wahrheit beruffe ich mich auf das, was im Jahre 1165. mit der Advocatie über das Benedictiner Kloster Mönchsteinach geschehen ist. Diese gab der
lezte Herzog in Schwaben aus dem hohenstaufischen Hause, der unglückliche Conra-
dinus dem Burggraven Friederich zu Lehen. Er muß also diese Advocatie selbst gehabt haben. Aber wie gelangte er dazu? Nothwendig muß er sie von seinem Vater
dem K. Conrad IV. geerbet und dieser muß sie von seinen Voreltern überkommen haben. Ueber die Advocatie des Klosters Mönchaurach aber können wir keinen Lehen-
brief aufweisen. Als Stifter konnten die Herren Burggraven diese Advocatie auch
nicht bekommen haben. Die Ursache hievon wird gleich angegeben werden. Durch
die Wahl konnten sie die Advocatie auch nicht erhalten. Also bleibet der einige
Weg der Erbschaft zu dieser Advocatie übrig.

Dieses leitet mich nun dahin zu fragen: von wem sie diese Advocatie mögten
geerbet haben? Eine Urkunde K. Friederich I. vom Jahre 1158. welche Kaiser Carl IV.
bestätiget hat, wird uns dazu einen Fingerzeig geben. Ich will das nöthigste aus
selbiger beibringen.

Wir

Wir Carl — seyn wir gebeten worden von wegen der geistlichen, des Abbts, des Priors und des Convents des Closters zu Aurach St. Benedicten Ordens Babenberger Bisthumbs (1) daß wier Ir Freyheit unnd ein Privilegium daß von seliger Gedächtnis von Friederich ehrwen Rom. Kaiser — — Inn ist gegeben, das sie für uns brachten, das vor alters wegen verdorben was, daß wier Inn das von Kaiß. Gewalt geruheten zu verneuen — — — unnd haben das vorgeschriebene Privilegium unnd Freyheit — — hernach heissen schreiben — dieselbe Freyung — — lautet in diesen Worten, als hernach folget: Friederich — Röm. Kaiser — wie daß unser lieber und getreuer Gottfried Burggraf zu Nürnberg für unser Majestät kommen unnd uns sehr bath, daß wir das Kloster, das ehrwen von dem erlauchten Goßwein Graven unnd Hermann seinen Sohn Pfalzgraven in der Ehr St. Peters des zwölf Botten an der Statt Aurach genant, (2) gebauet ist und gestiftet, und von dem ehrwürdigen Orten Bischoff der Kirchen zu Bamberg — — mit grosen Gebauen und milden Gaben hat ausgebreitet und gemehret — — daß wir dasselb Closter mit denn Brüdern in unsern kaiserlichen Schuz unnd nehmen (3) — — Darum so empfahen wir in unser Schuz unnd Schirm unsern lieben Hermann (4) deß vorgenannten Closters ehrwürdigen Abbts unnd alle seine Brüder — — mit allen seinen Zugehörungen — — Aurach mit allen seinen Zugehörungen. Rüdigersbronn mit allen Zehenden und nuzen — — das Dorf Judersee — — Limbach mit dem Dorf Schirmersdorf — — Bayersdorf mit der Pfarrkirchen (5) Die Pfarrkirchen zu Emskirchen mit den Capellen (6) unnd auch alle

---

(1) Hier ist ein Fehler. Dies Kloster lag im Würzburger Kirchensprengel. Also war die Aurach nicht die Gränze des bambergischen und würzburgischen Kirchensprengels.

(2) Das Kloster Mönchaurach lieget nicht weit von der Stadt Herzogenaurach. Das Wort au wird also hier so viel als bey bedeuten. Doch könnte auch das Wort Statt hier so viel als locus bedeuten.

(3) Der Kaiser war ordentlich der supremus Advocatus aller Stifter in Deutschland. Also war dies Kloster vormals noch nicht unter dem kaiserlichen Schuz. Dies kam daher, weil der Stifter sich den Schuz vorbehalten hatte.

(4) Dieser Heermann ist ohnfehlbar der erste Abt zu Mönchaurach gewesen.

(5) Baiersdorf mit der Pfarrkirchen hat der Bischof Otto zu Bamberg im Jahre 1143. an dies Kloster geschenket und den Burggraven Gottfried zu Nürnberg zum Advocaten bestimmet; nämlich über die Kirche zu Baiersdorf. Da jeder Bischof fast über alle Kirchen seines Sprengels das Jus Patronatus hatte: so ist begreiflich, wie nach der Bischof Otto hat die Kirche zu Baiersdorf dem Kloster Mönchaurach schenken können. Die Klöster liessen die Kirchen eigentlich um der Zehenden willen gern schenken. Pastorius berichtet in Franc. Rediv. pag. 383. daß Baiersdorf von einer adelichen Familie von Aurach genant an die Herren Burggraven gekommen seye. Vielleicht ist unter diesem Geschlecht der Stifter des Klosters Mönchaurach zu verstehen, nämlich der Grav Gßwin zu Hochstätt, welcher Herr von Aurach gewesen ist.

alle Güter zu Reichbach, (7) die Bischof Otto seliger Gedächtnis vorgenannten Closter gegeben hat. Den dritten Theil der Pfarrkirchen zu Glattenbach
mit dem dritten Theil der Zehenden — unnd auch den ganzen Wald bey dem
Closter zw Aurach gelegen, derselb frey und ledig ist (8) alle vorgeschriebene
Güter sollen ganz unverrückt bey dem Closter bleiben unnd soll unsers Reichs
keine Person seyn, groß nach klein, die das vorgeschrieben Closter betrieben,
oder die Brüder ungeruhsam machen — — oder mit Gottfried unser Burg-
graffe zu Nürnberg mit der Voigthey desselben Closters, den der Abbt unnd
die Brüder nach dem Tode Hermanns des Pfalzgravens zu einen Schüzer,
Schirmer unnd Voigt erwählet und nach Ihm sein Ehlich Erben, es wäre
denn — — und wir hießen Zeugen darzunehmen, der Nam die seyn: Grave
Rabobo (9) Grav Gerhard von Urach (10) Gottfried Burggrav in
Nürnberg, Conrad von Ragteß (11) Grave Ernst und Friederich sein
Bruder von Hohenburg, (12) Grav Hermann von Vohburg, Gebhard
von Luckenberg, Ottnant von Eschenau, gegeben zu Nurmberg 3. Kal. Febr.
1158.

Diese Urkunde hat kein altes Kleid an; denn sie ist in deutscher Sprache ausgefertiget. Sie behält aber doch ihren Werth, wenn man bedenket, daß es eine Ueber-
sezung

Vielleicht kam es von diesen auf den Burggraven Gottfrieden und von diesen auf die
Burggrafen zollerischen Stamms. Es ist
wahr, daß im Jahre 1391. der Burggrav
Friederich diesen Ort von dem Kloster
Mönchaurach erkaufet hat. Aber dies ist
nicht von ganz Baiersdorf zu verstehen.

(6) Das Ius Patronatus über diese Kirche wird
der Bischof zu Würzburg dem Kloster geschenket haben; denn sie lag in seiner Diöces. Doch könnte sie auch von dem Bischoffen Otto zu Bamberg herkommen —
Die Capellen aber, welche zu dieser Kirchen
gehörten, waren Rinnhofen, heut zu Tage Rehofen genannt, allwo die Herren
von Seckendorf ein Schloß hatten und sich
auch von diesen Orte schrieben. Die Linie
dieses Hauses blühet noch und nennet sich
daher von Seckendorf Rinhofen. Sie ist
aber nicht so zahlreich, als die andern zwo
Linien des hochfreyherrlich Seckendorfischen
Hauses, nämlich Seckendorf Aberdar und
Seckendorf Gutend — Ferner gehörte zur

Kirche in Emßkirche die Capelle Hagens
büchach, welche nun eine eigene Pfarr ist
und die Capelle zu Kirchfennbach, welche
nun ein Filial von Hagenbüchach ist. Auch
die Capellen zu Reichenbach und zu Mönchaurach gehörten dazu.

(7) Reichbach. In einer andern Abschrift stehet Bulach. Ich glaube, es ist keines von
beyden recht. Ohnfehlbar soll es Büchach
heissen und wird darunter Hagenbüchach
verstanden werden. Dieser Ort soll von
dem Bischoffen Otto zu Bamberg an das
Kloster gekommen seyn.

(8) Dieser Wald wird von dem ersten Stifter, nämlich von dem Grafen Göswein
herrühren.

(9) Dieß ist der Grav Rapoto von Abenberg.

(10) Dieß Urach wird das Schwäbische Aurach seyn.

(11) Ragteß ist ohnfehlbar falsch geschrieben.

(12) Die Bairischen Graven von Hohenburg
sind ohnfehlbar in Franken begütert gewesen.

sezung aus der lateinischen Sprache ist. (1) Ja, sie wird außer allen Streit gesezet, wenn man die Historie zu Hülfe nimmet. Der berühmte kurbaierische Hofrath und Bibliothecarius Herr Martin Felix von Oefele hat hier einen herrlichen Dienst gethan. Er hat in den SCRIPT. RER. BOIC. Tom. I. pag. 625. *Vita S. Hiltegundis Virginis ex Cod. MS. Chartaceo Bibliothecae Bavaricae* mitgetheilet und davon ein Anonymus Monachus Vracensis, oder ein Mönch in dem Kloster Mönchaurach der Verfasser ist. Der Herr Herausgeber, nämlich der vortrefliche Herr Hofrath von Oefele sezet dieses monitum praevium voran: Pauca habeo, quae de hac, vti inscribitur, Legenda S. Hiltegundis praemoneam. Inueni in Cod. MS. Bibliothecae Bauaricae inter Latinos Num. CCCCLXVII. signato, qui quondam ad Hartmannum Schedelium (2) pertinuit, a cuius manu ibi alia fere omnia, praeter hanc legendam, quae ab ignota eaque paulo vetustiori exarata. An unquam typis excusa fuerit, mihi non constat, nec puto factum. Ego certe, tanquam nunquam fuisset, hic edo. Argumentum eiusmodi est, quod locum sibi in hac collectione deposcat, Antiquitates enim Boicas Sueuicasque ex aequo tangit, et ad Conradi Salici tempora vsque redit Seculique decimi tenebras. Verum pretium statuent suo tempore Hagiographi Antwerpienses, (3) quorum maxime in vsum hic apparet. *Goswinum Hiltegundis patrem ex Vracensium Comitum profapia* ortum coniicio, (4) cuius Origines alta adhuc nocte premuntur. Manu admouere coepit Heroibus hisce refodiendis indefesfsus ille Crusius, sed iam copia, iam inopia laborans, quam alte cubent, indicauit. *Auctorem* legendae, quod attinet, *Monachum Vracensem* fuisfe et ibidem Biographiam hanc conscripsisse siue declamasfe verba produnt, (5) quae circa finem leguntur. Hic autem in loco, qui *Vrach* dicitur, Monasticarum Personarum facta est a *Comite Goswino* institutio. *Vrach* hodie *Aurach Wirtenbergensis* Ditionis vrbecula est ad secundum ab vrbe Tubingensi lapidem, quo nonnulli Artanam Ptolomaei collocant. De Monasterii ibidem vestigiis plura ex Crusii Paralipomenis ad Annales Sueuiae Cap. VII. memorat Auctor Sueuiae Ecclesiasticae, quem optes Crusiana eruditione paulo magis accinctum ad opus tam vtile vastumque accessisfe.

(1) Vermuthlich ist der Bestätigungsbrief des K. Carl in deutscher Sprache ausgefertiget worden. In gleiche Sprache wird die Urkunde des K. Friederichs übersezet worden seyn.

(2) Dieser Hartmann Schedel war ein berühmter Medicus und Historicus zu Nürnberg. Vermuthlich sind viele Nachrichten des Klosters Mönchaurach und unter andern auch die Legenda S. Hiltegundis, in Kriegszeiten nach Nürnberg gekommen.

Auch von dem Kloster Frauenaurach sind viele Nachrichten dahin gekommen.

(3) Welche nämlich die Acta Sanctorum heraus gegeben haben.

(4) Dieß lässet sich aus dieser Legenda so deutlich nicht schlüssen. Die Freundschaft könnte wohl ehender von seiner Gemalin herkommen.

(5) Die Legenda S. Hiltegundis wurde in der Kirche zu Mönchaurach dem Volk öffentlich alle Jahr verlesen und erkläret.

fisse. Der Herr Herausgeber giebet dieß Aurach für das würtenbergische Urach oder Aurach aus. In dem zweiten Theil dieser Script. Rer. Bav. verbessert er diesen Fehler. Denn daselbst lässet er sich S. 561. also vernehmen: de Vita S. Hiltegundis, quam ex Cod. MS. S. Schedeliano latine Tom I. in medium protulimus, opportuna hic recurrat monendi occasio, nos in monito praeuio ibidem Vracum Wirtenbergense cum Franconico (vt fit in opere longo atque foediso) oscitanter confudisse, de quo errore primus mihi autem amice vellicauit, Gallicae nobilitatis decus illustrissimus Eques Melitensis *Ludouicus Gabriel de Buat*, cuius non Gallicarum modo sed et nostrarum antiquitatum origines per omne monumentorum genus perscrutandi solertia tanta est, tamque felix inuestigatio, vt eidem quantus est Bibliothecae Boicae thesaurus, haud videatur sufficere. Es ist also hier unser Kloster Mönchzaurach gemeinet; wie sich bald aus allen Umständen zu Tage legen wird. Aber wer hat es gestiftet? Dieß sagt nicht nur die oben beigebrachte Urkunde K. Friederich I. Die Legenda S. Hiltegundis bezeuget dieß auch. Diese Legenda ist so merkwürdig, daß ich sie nothwendig ganz hieher sezen muß.

Incipit Prologus in Legendam Sanctae Hiltegundis Virginis.

Diuina gratia qua passim terrarum spatio corda fidelium veri fontis venas sitientium confisi de vita moribusque beatae Hiltegundis Virginis, quae Christum indesinenter sitiuit ipsiusque nuptiis terrenas respuens, ardenter interesse cupiuit, loqui pro modulo nostrae Facultatis satagentes et cognitionem sanctae Ecclesiae repraesentari cupientes, exordio nostrae paruitatis praelationis adesse deprecamur Dominum Deum patrem omnipotentem, vnicumque filium eius Dominum nostrum Iesum Christum, per quem omnia facta sunt, et Spiritum sanctum ab vtroque procedentem per quem regitur cor deuium et vulnere peccati saucium sanatur, fideliter inuocamus dicentes, veni Sancte Spiritus.

Incipit Legenda beatae Hiltegundis Virginis. (1)

Beata igitur *Hiltegundis* secundum dignitatem huius saeculi *ex nobilioribus parentibus* orta fuit, sed gloriam mundi caducam esse subtili mente considerans postposuit, illecebras carnis, quas mundi amatores amplectuntur, abhorruit, velut laudabilis rei exitus docuit: nam in primaeuo iuuentutis suae flore, velut cara proles cum *reliquis sex ex sororibus suis*, a parentibus (2) diligenti fouebantur

B

(1) In allen Legendis find Wahrheiten und Fabeln anzutreffen. Eben dieß findet sich auch in dieser. Auch viele irrige Dinge finden sich in den Legendis, was genealogische und historische Dinge betrift. Daher hält es sehr schwer,

das wahre von dem falschen zu unterscheiden, weil die Genealogie und andere historische Nachrichten fehlen.

(2) Es ist Schade, daß der Mönch, weder ihren Vater, noch ihre 6. Schwestern mit Na

bantur decore exteriori *habitu* scilicet *sericis indumentis* decorabatur; sed inter
secreta conscientiae suae pulchro apparatu mansio Dei exornabatur, et dum
occulta mente faciem veri sponsi Iesu Christi scilicet meditatur, *insperate utro-
que parente orbatur.*

Quid factura erit Virgo materno, quod fidissimum est, destituta alloquio,
cuius ducatu regetur Virgo patris priuata solatio. Illius patrocinio non ambigo
teneram puellam foueri, qui cunctos sperantes in se non definit indefessa pie-
tate tueri. Christus profecto hanc Virginem fouit, cujus meditatio in con-
spectu Domini erat, et quae carnis huius inquinamenta non nouit. Erat namque illo tempore *quidam homo praepotens beatae Hiltegundi proxima connexus
linea consanguinitatis Göswinus Comes* appellatus, qui curam Virginis suscipere
gerendam secum disputans est meditatus. Praeterea *uxor Ducis* illo tempore
*Nobilis Ernesti in Rosstal, Ducissa Irmgardis in proxima linea neptis beatae Virgi-
nis fuit,* (3) *quae de obitu patris et matris desolatae Virginis inconsolabiliter doluit.*

Haec

---

men genennet hat. Doch vielleicht hat er selbst
nicht gewußt, wer sie waren.

(3) Es ist dieß ein sehr merkwürdiger Umstand.
Die heilige Hiltegund, um deren willen, das
Kloster Mönchaurach gestiftet worden, war eine
nahe Anverwandin der Herzogin Irmgard zu
Rosstall, der Gemalin des Herzogs Ernst.. Diese Irmgard soll eine Schwester der heil. Kaiserin
Cunigund gewesen seyn. Diese Cunigund soll
noch eine Schwester Namens Luitgard gehabt
haben; davon des hochverdienten Herrn Hofr.
Striebers Historische und Topographische Be-
schreibung von dem Fürstenthum Anspach
S. 674. unter Rosstall in der Anmerkung nach-
zusehen ist. Diese Luitgard war eine Gemalin
des Grafens Göswin zu Hochstätt. Höchstwahrscheinlich ist es, daß die Irmgard, deren Gemal
seinen Sitz zu Rosstall hatte und die Gräfin
Luitgard zu Höchstätt sind zwo Schwestern gewesen. Es ist weiter sehr wahrscheinlich, daß
die Luitgard die Irmgard geerbet hat, besonders
ihre Güter zu Rosstall. Es ist weiters höchstwahrscheinlich, daß diese Güter auf den Burggrafen Gottfried durch eine Heirath und durch
eben diesen Weg auf das Zollerische Haus gekommen seye. Ich weiß zwar wohl, daß in
Schützens Cod. Dipl. Brandenburg. pag. 218.
stehet, die beiden Burggraven Friederich und

Conrad hätten Rosstall im Jahr 1292. von den
Herren von Haideck erkauffet. Aber, wo ist
der Beweiß? Wo ist der Kaufbrief? Man hat
alle Urkunden des 13ten Jahrhunderts in dem
Burggräflichen Archiv wohl verwahret. Man
hat verschiedene Haideckische Kaufbriefe noch aufs
zuweisen. Sollte diese einzige verlohren gegangen seyn? Der Burggrav Conrad war im Jahre
1292. nicht mehr am Leben. Wie hat er in diesem Jahr Güter acquiriren können. Und ge-
setzt, er wäre noch am Leben gewesen: so würde er gewiß keine Güter gekauffet haben; denn
er war ohne Erbe. Deswegen machte er sich
schon vorher von seinen Güttern los. Ich will zu-
geben, daß die beiden Burggraven Friederich und
Conrad das Rosstall acquiriret haben. Aber nur
im Jahre 1292. wird dieß nicht geschehen seyn.
Es wird dieß weit ebender geschehen seyn. Es
wird dieß auch nicht durch einen Kauf geschehen seyn. Durch eine Erbschaft werden sie es
überkommen haben. Kurz zu sagen: Da man
keinen Kaufbrief oder sonst eine Urkunde über
die Acquisition dieses Rosstalls hat: so ist dieß
ein Beweiß, daß dieser Ort vor undenklichen
Jahren an das Burggravthum Nürnberg gekommen und daß dies durch eine Erbschaft und
wie aus allen Umständen zu schlüssen, vor dem
Burggraven Gottfried müsse geschehen seyn.

Haec veuera curam carae neptis suae gessisset, si praedictus Comes illius rei assensum dedisset. Idem vero Comes, vir moribus ftrenuus *praedia beatae Virginis caeterarumque fororum eius* proportionaliter dimenfus eft , et folam prae caeteris beatam Virginem *Hyltegundim* cum facultate, quae eam contingebat in *oppidum fuum* non longe a *Babenberg* fitum, quod *Hochftet* appellatur, colligebat. Curam autem beatae Virginis cum tantae fidei dispofitione velut pater felix gerebat, vt fi quis alienigenarum quandoque domum eius, gratia hofpitandi vel alio quocunque modo, ficut virorum excellentium hofpitia vifitantur, intrauerit; ipfam beatam Virginem, quafi vnam de filiabus fuis, non alio obtutu afpexerit.

Decurfo interea aliquanti temporis fpatio facta eft in domó *Goswini* comitis ex *Nobilioribus Viris Bauarie* congregatio, inter quos quidam homo forma et diuitiis praepollebat, gloriofior etiam genere erat, qui ad defponfandam fibi beatam *Hyltegundim* fumma dilectione nuptiarum faeculiarium venerat. Inito, igitur vtrarumque pattium comitis *Gezuwmi* videlicet *Bauuaricae* turbae confilio, habitoque de vtrisque partibus prudentium virorum colloquio, beata virgo *Hiltegundis* facti totius nefcia, quia fimplicitate floruit Columbina a *Pedegogo fuo Nobili Viro* defponfatur, ftatimque fine dilatione, vt fponfus eam deferat ad propria, ea ignorante cum multo comitatu iter paratur. Quid dicemus de defponfata Virgine, quae apud Chriftum fibi praeelectum gaudet coniugali germine, virgo Perfona abfens et asfenfu Viro defponfatur, quae nuptias huius faeculi abhorret, et fi quidquam cum ea de hys conferatur, virginem esfe et fic permanere decretum, cuius anima fibi fponfum Iefum Chriftum videlicet elegit fecretum. Virgo terrenis nuptiis praeter votum cordis deputatur, quae nuptiis aeternis veri fponfi interesfe meditatur. Namque beata *Hiltegundis* Virginem fe permanfuram in obitu patris et matris fue in fecreto cordis fui Chrifto fouit. Virgo *Hyltegundis* fponfo terreno debet copulari, quae fe cotidie veri fponfi peroptati amplexibus precatur obumbrari. Quid putatis

B 2 Chriftus

Die nähere Unterfuchung diefer Umftände foll
fünftig gefchehen. Jetzt fraget fich noch: wer
war denn der Herzog Ernft, welcher Roßftall
im Befitz hatte? War es der unruhige Stief
fohn des Kaifers Conradi Salici? Es war dies
möglich? Er hatte eigene Herrfchaften in Fran
ken. Er befaß die heutige Reichsftadt Weiffen
burg im Nordgau. Vielleicht hat er Roßftall,
welches eine Herrfchaft war, mit feiner Ge
malin erheirathet? Aber er ftarb fchon 1030.
und ift nicht am letzten Orte, fondern in Coft

nitz begraben. Am Ende erinnere ich noch, daß
mehr gedachter Ort muß Roßthal und nicht
Roßftall gefchrieben werden. So wird es in der
Legenda S. Hiltegundis gefchrieben : So wird
es weiter in dem Chron. Norimberg. in den
Script. Rer. Bau. t. c. pag. 326. gefchrieben. Al
wo alfo ftehet: Anno 1388. excurrerunt circa
200. cupientes bona acquirere & venerunt ante
Restal, vbi fupervenerunt *Familiae Burggravii de Cadelspurg* & interfecerunt circa 15. & 100. ceperunt —

Chriftus faciet, cum fibi fponfam cum qua habitare dignatus eft, praeripi fentiet. Karislimi Chriftus profecto fponfam fuam in finu fuo locabit et eam intactam ab omni corruptela mentis et corporis conferuabit. Quid plura? Tandem beatae *Hyltegundi* a Pedagogo fuo *Goswino* fcilicet, legitimi connubii dispofitio fecundum dignitatem huius faeculi ab eo promota diligenter declaratur, et vt idem a beatae Virginis mente non discordet ab ipfo et ab omnibus ibidem Nobilioribus toto nifu comitatur. Quibus auditis beata Virgo ftupens puellari more conferuari fuam Virginitatem deprecatur a totius falutis auctore. Erat namque comiti *Goswino* fuaeque vxori non longe ab oppido prelibato *Hochftet*, quaedam *fingularis et fpecialis manfio*, quae hodierno die, *Vrach* in communi eloquio appellatur, *ibique capella in honoris Sancti Petri* (4) dedicata, ad quem locum Comes, vna cum vxore paucaque familia (5) commoditatis fuae causfa vitandique tumultum populi perfaepe confugit, hunc locum comes *Goswinus* fponfo permonftrauerat, ibique beatam *Hiltegundim* fibi tradere fponderat; Aurora igitur quadam die, qua velut folet ortum folis prae venire, venit fponfus opinatus beatam *Hiltegundem* cum magno tumultu repetere audito vero famuli loci illius *Vrach* hominum tumultu confurgunt, fuscipiturque fponfus a Comite *Goswino* et ab omnibus ibidem gratulabundo vultu. Karisfimi prouidentiam Dei vnanimiter animaduertamus, quidue beata Virgo egerit ad fponfi cum aduentum fenferit, audiamus; *Cupellam fancti Petri* ingreditur et facerdotem diuina ibidem miniftrantem columbina, vt erat, fimplicitate alloquitur, et quod verbum ipfius beate *Hiltegundis* cunctis incognitum apud eum fit diligenter rogitat, communionemque facram fancti Corporis et fanguinis Domini noftri Iefu Chrifti fumma deuotione fibi ab ipfo exhiberi flagitat. Sacerdos ille precibus beatae Virginis *Hiltegundis* annuit confesfioneque ab ipfa audita facramentum Dominici Corporis et fanguinis fanctae Virgini cum admiratione vehementi tribuit, quae in Capella dum misfarum folemnia complerentur, refidebat, deinde ficut mos, erat, ad menfam procedebat, fed ibi a carnali cibo potuque ieiuna permanebat. O! beata abftinentia! virgo vefci differt cibo temporali, quae fe praecognoscit efca refici fpirituali, paranymphi terreftris disfimulat Epulas, quae fe tranfituram videt ad caeleftis fponfi delicias. A prandio temporali abftinet virgo beata, cui iam occurfat coelica turba ad praefentandum fummo Creatori fponfam electam praeparata. O felix beate

. *Hil-*

---

(4) In der Kloſterkirche zu Mönchaurach ſiehet man in dem groſſen Fenſter im Chor, neben dem Altar, linker Hand, eine groſſe vier-
eckigte Scheibe mit der Jahrzahl 1537. dabey
ſiehet man ein Crucifix vor dem eine Perſon knict,
darunter die zwey Schlüſſel Petri nebſt einem Bi-

ſchofſſtab zu ſehen ſind. Dieſe Schlüſſel nebſt
dem Biſchofsſtab ſind ganz gewiß das Wappen
dieſes Kloſters. Man weiß, daß die Klöſter
ſehr gern die Inſignia ihrer Schutzheiligen zum
Wappenbild angenommen haben.

(5) Familia bedeutet hier die miniſteriales.

Hiltegundis! escae transitoriae dilatio, quam aeterna requie pro cunctis dapibus dulcis praestolatur praeparatio. Quae digna huic praeparationi possumus fari aut quae dona his que Deus praeparavit diligentibus se valent comparari; quae oculus non vidit, nec auris audivit, nec lingua cuiuscunque poterit explicare. Quid plura dicemus? Mensa sublata ad abducendam beatam Virginem *equi sternuntur et ornamenta pretiosa diuersi decoris auri* seu *gemmarum mulis* deducenda imponuntur. Cum vero jam cuncta ad iter essent parata beata *Hiltegundis*, Comitem *Goswinum* sponsumque suum sic est affata; sinite, vt ego cum duabus puellis meis capellam sancti Petri ingrediar causa orationis et ibi meo itineri deposcam dextram diuinae benedictionis. Quod iter aestimatis huius Virginis erit? Aut cuius sponsi talamum quaerit? sponsus accidentaliter formosus a Beata *Hiltegunde* despicitur, et ad sponsum incircumscriptibiliter et inedicibiliter formosum anhelat, de quo per Psalmistam dicitur: speciosus forma prae filiis hominum: bene gloria faciei illius speciosa praedicatur, cuius pulchritudinem sol et luna mirantur. Cuius sponsi talamum Beata Virgo amplecti intendit, qui coelum et terram palmo potentiae suae comprehendit. Quae huius talami tanta praeparatio seu delectatio in quo reclinari sanctis Virginibus tanta est meditatio? Audi quod quaeris: ad hunc talamum speciosi sponsi cum venitur, non esuritur, non sititur, non sompnus appetitur, non frigoris aut vlla caloris intemperantia sentitur. Malum omne nescitur, qui etiam talamus inenarrabili decore omnium virtutum redimitur. Beata ergo *Hiltegundis* quod petiit, obtinuit. Capellam sancti Petri ingreditur, orationi ita dicens procubuit. Deus coeli et Terrae, creator mundi, cordis pius inhabitator, castitatis tibi dicatae conseruator, tu scis cuncta priusquam fiant, tu scis, quod toto corde te amo, ad te Iesu Christe fili Dei viui pro conseruatione virginitatis meae ego famula tua clamo, vt non sinas corpus meum tibi dicatum violari nec vllam impudici contagii pollutione obfuscari. Oratione finita Deus clemens, qui iustis supplicationibus semper praesens est, spiritum electae suae ad gaudia diu optata vocauit; sicque genibus flexis sancta *Hiltegundis* coram altari S. Petri feliciter exspirauit, *secundo ytus octobris.* (6)

Egressum autem Sanctae Virginis de capella cunctis foris praestolantibus, quodque orationi tamdiu vacaret ammirantibus, puellae (7) quae cum ea intrauerant corpus sanctum accedebant, et quasi sopitum dulci sompno videbant, quod cum vidissent retrorsum abeuntes stabant, et quousque sacra virgo a sompno euigilaret, exspectare desiderabant. O in sanctis suis mira Christi operatio Karissimi! quibus dulcissimis organis spiritus beatae *Hiltegundis* a corpore

B 3   sine

(6) Hier hat der Mönch abermal das merkwürdigste vergessen, nämlich das Jahr, in welchem dies geschehen ist. Er wird es selbst nicht gewußt haben.
(7) Puellae bedeuten hier die Cammerjungfern.

fine dolore putatis euocatum, quod a circumſtantibus duabus puellis Sanctum corpus facili ſompno ſopiri potatur. Felix eſt ille ſompnus Virginis, quae iam plene delectatur de praeſentia filii Dei. Denique puellae mirantes ſecundo Corpus ſanctum timide tangere temptantes ſanctam *Hiltegundim* obiisſe cenſe·runt, et mox oculis rorem lacrymarum ſtillantibus magna voce clamauerunt. Audito clamore hi, qui cum ſponſo aderant, accurrerunt viſaque Chriſti operatione in ſancta Dei Virgine vna cum ſponſo ſtupefacti amare fleuerunt. Sponſus dixit his, qui ſecum ſteterunt: accedite, corpusque beatum diligenti apparatu curribus imponite, et hew quod viuentis elegantia morum frui mihi conceſſum diuinitus non erat, ſaltem deducam defunctam ad propria, quo viuam induxisſe propoſitum fuerat. Hoc dicto quidam de melioribus accidentes ſanctumque Corpus beatae *Hiltegundis* quaſi in oratione proſtratum tollere praeſumentes, ſed tanta dedendum eſt ponderoſitate, quaſi truncus arboris funditus quaſi ab antiquo radicatus mira immobilitate. Hoc ergo mirum cuncti videntes praeſagium hoc esſe diuinae ſeruitutis futurae intra ſe colligentes apud ſe diuerſa ſuper his conferebant, et tandem ſanctum corpus in eodem loco ſepeliri decernebant. Mirum Dei prouidentiae in ſepultura ſanctae *Hiltegundis* praeſagium, quod ſibi ab aeterno per famulos Dei in eodem loco prouidit, futurum obſequium. Quid ſingula ſponſi huius Comitumque ſuorum triſtitiae exequimur. Ad laudandam ſummi creatoris pietatem, qua ſanctam Virginem *Hiltegundim* in ſua hodie excepit gaudia, de voto corde potius extollamus.

Lachrymabiles exequias comes *Goswinus* vna cum ſponſo cunctisque, qui aderant, celebrauit, et *coram altari S. Petri venerabilis Virgo Hiltegundis* ſepulta eſt, quo exſpirauit. Tunc ſponſus, ſed iam ſponſi nomine fruſtratus, ad propria remeauit et dotes quas ſanctae *Hiltegundi* dare voluerat, in remedium animae ſuae pro Chriſti nomine erogauit. Procedente autem aliquanti temporis curriculo, Comes *Goswinus*, *qui omne patrimonium beatae Hiltegundis posſederat*, memoriam ipſius minus continuauit, ſed ſeculari cura deditus, pauca de vera felicitate tractauit. Verum quia Deus merita ſanctorum ſuorum ad laudem et gloriam nominis ſui mire diſponit, ſublimare electae ſuae memoriam Lnctae *Hiltegundis* videlicet Chriſtiano cultui voluit intimare, vt ipſam ſacram Virginem Chriſtianus homo pro delictis ſuis ſatageret, compellare, et vt ipſe Chriſtus per intercesſionem ipſius peccata ſibi ſupplicantium vellet relaxare. Profecto Comes *Goswinus dilectum Capellanum Adelbertum* nomine, apud ſe habebat, qui per viſionem ſibi factam ſanctam *Hiltigundim* loqui audiebat: *Adelberte*, inquit, Comiti *Goswino* mea verba refer, vt mei memoriam ad laudem Dei diligentius ſtudeat celebrare, et ne velit monitionem meam aſpernare. Capellanus autem Comiti viſum non referebat, quod tyrannidem mentis ſuae

ad

ad fidem fanctae vifionis inclinare non credebat. (8) Deinde in breui temporis fpatio fancta Virgo eundem Capellanum intempefte noctis filentio talia affa-
tur alloquio: Attende, inquit, *Adalberte* verba mea, et vt memoriam meam ad laudem fummi creatoris exaltet Comiti *Goswino* refer ea. Hanc vero vifionem alteram
idem Capellanus apud fe diligenti meditatione disferebat, fed tamen Comiti licet
vltionis diuinae pauidus non referebat. Tertia igitur quadam nocte negligens ex-
fequutor vifionis fanctae *Hiltegundis* videt fibi eandem aftare fanctam virginem et
dicentem verbis clamabundis, cur, inquit, verba mea Comiti non retulifti, fed
hactenus temere neglexifti, vt perfonas ecclefiafticas de patrimonio meo,
Chrifto obfequentes conftituat, dicas Comiti *Goswino*, quod fi aliqua mora
diftulerit, non ambigat fe moneri acriter nutu diuino, cui pauide capellanus
refpondit: fcio tyrannidem Domini mei Comitis, verbis meis ad fidem huius
rei flecti non valere, nifi per te fancta Virgo huius Vifionis verum notamen
manifefte posfit videre! Quibus auditis Sancta virgo *Hiltegundis* maxillam capellani manu fua tetigit, quod vtique fignum manus quafi nouo marmore im-
presfum cunctis affinibus per omnes dies vitae fuae patuit. Mane autem facto
capellanus Comiti *Goswino* diuinum expofuit mandatum, et vt verbis fuis
fidem daret, maxilla fua teftimonium praebuit euidenter explicatum. Quo
vifo vniuerfi vehementi admiratione replebantur glorificantes creatorem caeli
ac terrae, per quod merita fanctorum fuorum mirifice fublimantur.

Verum Comes *Goswinus* quia quafi furiofus crudeli mente fuit, asfertio-
nem Capellani fui *Adelberti* licet coelitus approbatam extrinfecus recepit ac
diuinae difpofitioni tyrannus adhuc rebellis, quamuis fruftra, ea quae iusfus
fuerat, exequi, quaeque per ipfum inchoanda fuerant futura ignarus minime
incepit. Eo quippe tempore rex *Cunradus* (9) ad promouendam regie neces-
fitatis curam totius Allemaniae principibus ad *Longobardiam* iter monftrantibus,
quo profecto Comes *Goswinus* vnum filiorum fuorum dilectum fibi ad auxilium
regalis imperii cum aliquantis militibus deftinauit. Cum igitur praefati Comitis
filius trans *Alpenina* iuga cum fuis iter exegisfet et in vna ciuitatum illius pro-
uinciae, quae vsque hodie in vulgari *Ruina* vel *collifio* nuncupatur quadam nocte
poft laborem viae requiem cepisfet, in ipfius noctis filentio montium defuper
ciuitatem pendentium praenominatam, vehemens facta eft Collifio. Nimirum
tale factum longe lateque diuulgatur et filius Comitis *Goswini* quia fecundum
dignitatem huius fimiliter gloriofus erat, a multis in curia Regis *Cunradi* deplo-
rabatur, ac tandem Comiti *Goswino* filii fui oppresfio inopinata infinuatur,
quo audito mente confternitur, cordeque virium vigore repente conteritur,
et quae et qualia per Capellanum praelibatum fibi a Beata Virgine dicta fint
sagaci

---

sagaci rogitatione amplectitur, et ad id inchoandum maiorem dei expauescens iram conuertitur. In *Longobardia* enim flebilis facta est hominum perditio. Hic autem in loco, qui *Vrach* dicitur, monasticarum personarum facta est a Comite *Goswino* et ab aeterno diuinitus procurata institutio, montana igitur cecitate obductus Comes *Goswinus* diuinae dispositioni per aliquot dies contraierit, sed nunc inductus terrore vltro diuinae jusfioni se obiicere sed nec disfimulare aufus erat. Vnde populus clamat: tange montes, et fumigabant. Quid autem per montes nisi potens huius seculi designatur, quid vero per tactum Dei? nifi flagellum suae sanctisfimae correctionis figuratur. A Deo igitur montes tanguntur, quoties seculi potentes diuina correctione a malis defideriis reprimuntur, quid autem per fumum nisi penitentia denotatur? Ex calore et humore fumum conftare declaratur: per calorem vero feruor diuini amoris quo corda hominum accenduntur ad penitentiam infinuatur: per humorem profecto fons lacrymarum, quo crimina lamentantur, intelligatur. A Deo igitur coelefti verbere tacti fumigare narrantur, quanto calore sancti spiritus ad fletum, quo commisfa defleant, prouocantur. Et alibi etiam per psalmiftam dicitur: in chamo et freno maxillas eorum conftringe, qui non approximant ad te. Comes *Goswinus* profecto nec mente nec opere Deo approximabat, nec eum diuina correctio in morte filii sui ad viam veritatis frenabat. Conftruxit vero *de praediis* beatae *Hiltegundis* et *suis*, in loco supra memorato monafterium, et ad hoc monafticarum personarum coadunauit collegium, ipse vero cum legitima sua *Lutgarde* (10) seculo abdicarunt, et ad idem se transferentes monafterium, illi tamen *inter fratres*, haec autem *fingulari manfione cum quinque famulabus*, diuinum flagitabat fubfidium. So weit gehet die Legenda S. Hildegundis. Es kommen darinnen Wahrheiten und Unwahrheiten, oder gegründete Nachrichten und auch Fabeln vor. Von dergleichen Innhalt sind alle Legenden der Heiligen. Doch sind sie deswegen nicht zu verwerfen. Sie sind in der Hiftorie wol zu gebrauchen, wie die Verfuffer der Actorum Sanctorum gezeiget haben. Daher ist auch die Legenda S. Hildegundis wol zu gebrauchen. Sie enthält viele Wahrheiten. Es sind folgende: 1.) Daß der Stifter des Klofters (11) Mönchaurach, Goßwein Graf zu Höchftädt gewesen sey, 2.) Daß er nicht weit von Höchftädt eine manfionem fpecialem oder einen befondern Sitz, das ist, ein Schloß gehabt, wo er sich bisweilen aufgehalten habe und welches Aurach genennet wurde; 3.) daß dafelbft eine Capelle geftanden sey, welche dem heiligen Apostel Peter zu Ehren erbauet war, und daß er endlich 4.) aus diesem Schloß ein Klofter errichtet habe, welches, wie andere Nachrichten geben, im Jahre

(10) Superius Irmgardim nominaverat.
(11) Dieß Klofter wird auch manchmal Her-

renaurach genennet, im Gegenfaß oder zum Unterschied des Klofters Frauenaurach.

te 1130. soll geschehen seyn. Alle diese Umstånde sind in der Wahrheit gegründet.
Da aber der Ursprung der meisten Klöster ein Wunderwerck oder vielmehr etwas fa-
belhaftes zum Grunde hat: so finden wir di:s auch bey dem Kloster Mönchaurach.
Jch will mich aber damit nicht aufhalten.- Auch will ich mich nicht um das Geschlecht des Stifters bekümmern. Jch würde sonst zu weit ausschweifen. Jenes
soll zu einer andern Zeit untersuchet werden. Vor jezt muß ich nur dies noch erin-
nern, daß der Grav Gößwein und seine Gemalin selbst in das Kloster Mönchaurach
gegangen sind, und darinnen ihre Lebenstage geendiget haben. Denn so saget die
Legenda mit den deutlichsten Worten: Ipse vero cum legitima sua Lutgarde sae-
culo abdicarunt et ad idem se transferentes monasterium, ille tamen inter fratres, haec autem singulari mansione cum quinque famulabus diuinum flagitabat
subsidium. Wenn der Herr Hoftath von Oefele hinzusetzet: Superius Irmgardin
nominauerat: so ist zu bemerken, daß die Irmgard die Gemalin des Ducis Ernesti,
die Luitgard aber des Gößwein Gemalin gewesen seye. Dieser Grav hielte sich
inter fratres auf, saget die Legenda. Und was bedeutet dies? Die Fratres sind
hier die Mönche. Er wurde nur ein gemeiner Mönch. Manchmal wurde der Stifter sogleich der erste Abt. Dieser Grav aber wird aus besonderer Demuth nur ein
gemeiner Mönch. Seine Gemalin bekommt nebst fünf Kammerjungfern eine besondere Wohnung bey dem Kloster. (1) Diese hießen sonst inclusae. Und hier ist
der Ursprung, warum Mönche und Frauen-Kloster ehehin insgemein bey einander
waren. (2) Eben dies bekräftiget sich in dem zweiten Theil der Script. Rer. Boi.
pag. 605. aus des SVNTHEMII *Monasteriologia Franconiae,* allwo dieses stehet: *Item*
nach Christi unsers lieben Herren Geburt MC. Jar ist das wirdig Kloster Munich
Aurach sant benedicten Orden an den Waßer Aisch (3) gelegen von den Ed-
C　　　len

---

(1) Dergleichen Exempel haben wir mehr.
Jch will nur eines anführen. Jm 12. Jahrhundert errichtete der Grav Ludwig von Armstein
aus diesem Schloß ein Kloster und wurde daselbst
ein Mönch. Seine Gemalin gieng auch in das
Kloster. Dieß berichtet der Chronist in des Herrn
von Hontheim *Hist. Trev. Diplom. Tom.* 1. *pag.*
575. mit folgenden merkwürdigen Umständen:
paramr Gudae Comitillae mansio specialis - vbi,
mutato habitu, (i. e. die Kleider) clausa semper—
per senestram modicam divina frequenter au-
sculrabat officis -- i. e. die Messe —
(2) Nach der Anzeige des Herrn Klosteramts-
manns Müllner des jüngern zu Mönchaurach
befindet sich an einem Privathauß in diesem
Kloster ein gehauener Stein mit folgender

Schrift: † 1590. S. S. KVNEGV. und dieß Gebäude hält man für ein ehemaliges Nonnenklo-
ster. Man wird sich in dieser Meinung auch
nicht betrügen. Ganz gewiß war dieß Hauß
dasjenige Gebäude, in welches die Grävin Luitgard mit ihren Cammerjungfern eingesperret
worden — Der Stein aber an diesem Gebäude
mag vormals ein Grabstein in der Klosterkirche
gewesen seyn. Vielleicht soll es: S. Hiltegund.
heißen. Man weiß, daß das Kloster und die
Kirche zerstöhret worden: Die Jahrzahl 1590.
wird neu seyn. Sie wird erst alsdenn darauf
gehauen worden seyn, als man den Stein zu jen-
nen Bau nahm.
(3) Dieß Kloster liegt nicht an der Aisch. Aber
Hochstätt lieget daran.

len Wolgebornen Herren Goßwein Graffen von Hochstatt an der Aisch gelegen, und seinen Sun Herman Pfaltzgrafen bey Rhein (4) auch durch den Erbtail sant Hildegunden daran gegeben, begabt, gestift und gepart worden.
Darnach als man zalt nach Christi Geburt MCXXVIII Jar hat der Hai-
lig Sant Otto Bischof zu Bamberg disen Stift selbst geweicht, und mit etli-
lichen Gueetern erberlich begabt.
   Item darnach als man zalt nach Christi Geburd MCLI. Jar, hat Fridrich
von Gotes Gnaden Romischer Kaiser Hertzog zu Swaben der erst des Namen
ditz Kloster mit aller seiner zugeborung bestätt, und mit vil Fraybaiten
begabt.

Historia sanctae Hildegundis.

   Sant Hildegunde ward mit sechs iren Swestern von iren Eltern nach
der Geburt abenlich und in Gotsforcht täglich auferzogen. Sie starb ir Vat-
ter und Muetter und Sannd Hildegund lobt Gott und seiner werthen Muetter
Kheisheit ires Leibs zu behalten.
   Item Sie nimbt Graf Goswein von Höchstatt sand Hildegund, die im na-
hende Gefrewnde was, zu im, und hielt sy als seiner Tochter aine.
   Item Sie ward sant Hütegund durch Graf Herman von Höchstat Pfaltz-
graven bey Rhein ainen Bayrischen Herrn vertrawet, der mit grossen Volk zu
Höchstat lag.
   Item Sie kumbt Graf Herman mit dem Preytigam gen Aurach, da zu derselben zeit nichts anders dan ain Slos was und ain klains Capelel geweicht (5)
in den Eren Sant Peter. Sie geet Sant Hildegund frue in Sand Peters Ka-
pelln reicht und empfähet den Fronleichnam unsers Herrn Jesu Christi.
   Item Sie assen und trunckhen die Preytigam und sein Leyt und wolten
darnach in Bairn auf die Hochzeit reyten
   Sie geet Sant Hildegund nach dem Essen zu Sant Peter, und pit Gott,
das er syce iren Gaist laß aufgeben, dan sie ir rainigkait verlier.
   Item Sie verschied Sand Hildegund vor dem Altar, und ir Seel ward
gefuert von den Englen zu den ewigen Frewden.
   Darnach wolt sy der Preytigam also dod haim geen Bayrn füren, sy
mocht sy nyemantz bewegen, also ward sy hie in der Stat erlich begraben.
   Item Sie erschain Sant Hildegund Graf Hermans Capllan und vermant
in, das er den Grafen sage, das er irem Erbtail an das Kloster gäb, aber er
dorft im das vor Forcht nit sagen.

Item

---

(4) Dieß ist falsch. Der Herrmaun war kein
Pfalzgrav am Rhein. Dieß war ein anderer
Herrmaun. Der Kaiser Friederich L nennet ihn   zwar auch einen Pfalzgraven; aber nicht einen
Pfalzgraven am Rhein nennet er ihn —
(5) Geweicht ist so viel als geweihet.

Item Sie erschain Sant Hildegund dem Caplan zum drittenmal, und gab im ungestuemlich ain Packenstraich, das Zaichen er sein Lebtag trueg.

Item Sie sagt der Caplan dem Grafen das groß Wunderwerck, aber der Graf glaubt im nicht. Sie rait Graf Goswein Sun, Graf Herman in Lamparten zu Kunig Conrade auf den Tag von des Römischen Reichs wegen. Sie komen sy in ain Stat, da fiel ain Perg uber die Stat, und ward der jung Graf Herman mit vil andern Menschen erslagen.

Item da Graf Goswein hort, das sein Sun Graf Herman also tod was, da pawt er das Kloster. und gab sein Guet als darzue.

Item Sie ward der Graf Goswein und sein Hawsfraw bekert und verliessen was sy hetten, und komen in das Kloster.

Item bie wonnde der Graf in Gottesvorcht bey den Menschen, und die Gräfin ließ sich verfliessen mit fünf Junckfrawen, und lebten tugentlichen, bis an ir End.

Item Sant Hildegund ist Kaiser Fridrich des dritten Namen Hertzogen zu Osterreich Mueml gewesen.

Item Graf Goswein von Höchstat begraben zu Munich Aurach im Capitl und sein Gemahl *Luitgard* bei im.

Die Historia S. Hildegundis ist hier ein sehr merkwürdiges Ding. Es war gewöhnlich die Geschichte der Stiftung und die Stifter auf besondern Tafeln abzumahlen, und in den Klosterkirchen aufzuhängen. Ein gleiches geschahe auch mit der Stiftung des Klosters Mönchaurach. Denn das Wort Sie, welches so oft vorkommt, beziehet sich auf ein Gemälde, unter welchen jene Worte stehen. Folglich sind auch in dem Kloster Mönchaurach viele Gemälde anzutreffen gewesen, welche vermuthlich in dem Bauernkriege oder auch wol in dem Bundsständigen Krieg sind zu Grunde gegangen. Die Stifter werden etwas anders angegeben. Man darf sich hierüber nicht wundern. Denn fast alle Klöster sind in diesem Punct unrichtig. Die wenigsten wissen die eigentlichen Stifter anzugeben. Doch ist richtig, daß der Graf Goßwein die Hauptperson hieben gewesen, und daß die Errichtung dieses Klosters um das Jahr 1130. geschehen ist. Die Urkunde K. Friederichs bezeuget aber, daß auch der Bischof zu Bamberg Otto aus dem Hause Andechs oder Meran das seinige dazu beygetragen habe. Auch dieser Umstand ist richtig. Daher wird die Glaubwürdigkeit der Urkunde K. Friederich I. hiedurch aufs neue bestättiget. Denn jener Umstand wird in *SVNDHEMII Monasteriologia Franconiae* bey dem Herrn von Oefele *Tom. II. p. 608. col. b.* mit den Worten bezeuget: Item *Otto* Dei gratia Babenbergensis Ecclesiae humilis Minister venerabili fratri Wolframo Abbati Coenobii S. Michaelis, Wigando Tharisiensi, Balbino Panzensi, Eckardo Auragensi, Imbryconi Michelfeldensi, Walchino de Ensdorf, Eriboni de Briflingen, Friderico de Gengenbach, Eberhardo Schuturensi, Ottoni Stainensi, Luitgero de Regensdorf,

gensdorf, Ymgramino de Arnoltstain, praepofito de Glemtkh, praepofito de Ofterhouen. Illa omnia erant Ecclefiae Babenbergenfi fubdita. Item fundationis Ottonis Babenbergenfis Episcopi, in Episcopio Herbipolenfi coenobium in Vragia, alterum Vra in Epifcopatu Babenbergenfi Michfeld Lannkhaim Ordinis Ciftercienfis et alii tria in honore Cluniacencis Michelfeld et Vragia in patrimoniali fundo Ecclefiae, Lankhaim vero, et Vra in aduentitio locata funt. Diefe Nachricht ist etwas dunkel. In dem Catalogo Biblioth. Heilsbronn. welche der fel. Prediger Hocker herausgegeben, finden wir hierüber eine Erläuterung. Es ist dafelbst unter den Codicibus membranaceis Num. 143. Vita S. Ottonis Babenbergenfis Episcopi angeführet, aus welchen S. 27. diefes hieher gehöret: Hic cum praeter facra muneris Episcopalis officia, bonorum quoque Ecclefiafticorum adminiftrationi probe confuluisfet, animum ad fundanda coenobia adplicuit, quorum bene multa hic recenfentur. Nempe Vraugia fub Patrocinio B. Laurentii et *Vraba in honorem principis Apoftolorum in episcopatu Wurzenburgenfi.* Duo in propria diocefi Lankheim in honore femper Virginis Mariae et Michelfeld fub patrocinio S. Iohannis Euangeliftae --- fex item Cellas, (6) Asbach --- adfignatis his omnibus praediis multo pretio acquifitis ---

Es war aber der Bifchof Otto zu Bamberg der eigentliche Stifter des Klofters zu Mönchaurach nicht. Er hat es nur anfehnlich befchenket. Doch wurden alle diejenigen, welche ein Klofter mit Gütern reichlich befchenket, für die Stifter deffelben ausgegeben, oder dafür gehalten. Der eigentliche Stifter unfers Klofters war der Graf Gößwein von Hochftätt. Brufch fagt in der Befchreibung von den Klöftern, es feye dieß ein Herr von Aurach gewefen. Auch diefes ist recht geredet. Aurach war ein Schloß, welches jenem Herrn zugeftanden hat. Die Herren fchrieben fich bald von diefem, bald von jenem Schloß. Wo fie eine Zeit lang fich aufhielten, davon fchrieben fie fich. Daher mag fich der Stifter unfers Klofters bald von Höchftatt, bald von Aurach (7) gefchrieben haben. Er hinterließ einen einzigen Sohn Namens Hermann. (8) Ganz gewiß hatte fich diefer die Advocatie über das Kloster

---

(6) Cella bedeutet eine Kirche. Von diefen Cellen haben fo viele Orte ihren Namen bekommen. Wir haben im Bayreuthifchen Fürftenthum ein Zell; welches von der Cella oder von der Kirche feinen Namen bekommen hat. Denn die Kirche wurde ehender gebauet, als der Ort angebauet wurde.

(7) Daher hat fich auch *Bucelinus* in Germ. Sacr. et II. pag. 63. nicht geirret, wenn er den Stifter

diefes Klofters einen Herrn von Aurach nennet.

(8) In den Miscellaneis des Herrn geheimen Raths von Jung *Tom. I. pag. 2.* kommen aus einer Urkunde vom Jahr 1142. folgende Zeugen vor: *Hermannus Comes de Hohftett.* Gebhardus Comes de Sulzbach -- Diefer Grav Heermann ist gewiß der Grav von Höhftädt, deffen Vater das Klofter Mönchaurach geftiftet hat. Ehehin fchrieb man an ftatt Hoch gemeiniglich Hoh --

ster Mönchaurach vorbehalten, als sein Vater in daſſelbe gieng. Denn insgemein behielten sich die Stifter die Advocatie bevor, welches im nöthigen Fall könnte mit vielen Exempeln dargethan werden. Dieſer Grav Heermann starb ohne männliche Erben; wie aus der obigen Urkunde des Kaiſers Friederich des I. vom Jahr 1158. deutlich zu schließen iſt. Es geschahe dieß im Jahr 1156. Ganz gewiß iſt es derjenige, von welchen es in Sundheims *Monaſteriologia Franconiae* bey dem Herrn von Oefele *Tom. II. pag. 605. col. c.* also lautet; Anno Domini MLVI. obiit Hermannus Orientalis Franconiae Dux (9) Daher gehöret auch das, was wir auf der folgenden Seite leſen: Gertrudis Palatina (10) Vxor Hermanni comitis de *Hochſtatt* clauſtrum nobilium monialium ad S. Theodorum Bambergae fundauit. Anno Dom MCL. Ibidem in choro ſepulta et Hermannus maritus eius fundauit Monaſterium Monachorum in Pildhauſen Ordinis S. Benedicti: Et pag. 652. Anno Domini MCLVI. obiit Hermannus Comes Orientalium Francorum Franconiae ſub Hainrico tertio Caeſare.

Erſt nach dem Tode dieſes Herrn erwählte sich das Kloſter Mönchaurach den damaligen Burggraven Gottfried in Nürnberg zu ihren Schußherrn; wie dies die kaiſerliche Urkunde oben mit deutlichen Worten bezeuget. Dies iſt nun ein handgreiflicher Beweiß, daß er der Advocat des Kloſters Mönchaurach geweſen iſt. Aber, warum erwählte dies Kloſter nach dem Tode des Gravens Heermann den Burggraven Gottfried zu seinem Voigt? Warum nicht einen andern? Das Kloſter hatte ja nähere Herren. Der Burggrav in Nürnberg wohnete viel weiter davon. Das Kloſter muß also wichtige Ursachen gehabt haben, dieſen Herrn zu seinem Voigt zu erwählen. Ganz gewiß war er ein Anverwandter von dem Graven Hermann. Ohnfehlbar hatte er eine Tochter, oder vielleicht auch eine Schweſter von ihm zur Gemalin. Sonst iſt keine Ursache zu finden, was das Kloſter bewogen habe, ihn zu seinen Schußherrn anzunehmen. Es wird mir dies daher noch wahrscheinlicher, weil in der obigen kaiſerlichen Urkunde stehet, daß auch die Erben des Burggravens Gottfried in der Advocatie nachfolgen ſollten. Unter den Erben werden die Erben männlichen und weiblichen Geschlechts verstanden. Man findet auch eine Menge Exempel, wo die Advocatien auf das weibliche Geschlecht gefallen sind. Nothwendig müſſen die Erben des Burggravens Gottfried ein Recht auf diese Advocatie gehabt haben und dieſes Recht kan sich wol von niemand als von ihrer Mutter herschreiben. Der Burggrav Gottfried stirbt um das Jahr 1160. Er stirbt ganz gewiß ohne männliche Erben. Dies erhellet daraus, weil der K. Friederich in der Urkunde nur überhaupt der Erben und nicht der Söhne des Burggravs Gottfried gedenke',

E 3

---

(9) Er war kein rechter Dux.
(10) Die Gemalin des Gravens Heermann war also von Geburt eine Pfalzgräfin. Von ihr

mag dieſer Grav den Pfalzgräflichen Titel geerbt haben. Dergleichen Exempel haben wir in der Hiſtorie mehr.

denket, und weil nach dem Tode des Burggravens Gottfried nicht ein Sohn von ihm, sondern einer aus einem fremden Hause in der burggrävlichen Würde nachgefolget ist. Aber doch muß er eine Tochter gehabt haben. Ihm folgte ein Herr aus einem fremden und entlegenen Hause, nämlich der Grav Conrad von Zollern in der burggräflichen Würde nach. Er folgete ihm auch in der Advocatie über das Kloster Mönchaurach nach. Jenes ist völlig ausgemachet. Dieses aber muß noch erwiesen werden. Daß die Herren Burggraven in Nürnberg Zollerischen Stammes sind Advocaten des Klosters Mönchaurach gewesen, das ist gewiß. Aber dies ist nicht ausgemachet, daß sie dem Gottfried unmittelbar in der Advocatie nachgefolget sind. Diplomatisch kan dies nicht erwiesen werden. Doch geben es eine Menge guter Umstände, daß es wirklich geschehen seyn müsse. In den burggrävlichen Archiven findet sich nicht die mindeste Spur, wenn die Herren Burggraven diese Advocatie überkommen haben. Andere Urkunden von diesem Kloster hat man wol aufzuweisen. Aber eine Urkunde, welche diese Advocatie betrift, eine solche ist nicht zu finden. Hat man jene aufgehoben: so würde man diese, welche die wichtigste ist, noch sorgfältiger aufbehalten haben; wenn man eine bekommen hätte. Es ist dies also ein Beweiß, daß hierüber gar keine schriftliche Urkunde ausgefertiget worden. Es ist dies aber auch der andere Beweiß, daß die Herren Burggraven diese Advocatie vor undenklichen Jahren überkommen haben, zu der Zeit, da man gar nichts schriftliches hierüber ausstellete. Folglich müssen die Herren Burggraven auf einen solchen Weg zu dieser Advocatie gelanget seyn, daß sie darüber keine Versicherung nöthig hatten. Was kan aber dies für ein Weg gewesen seyn, als der Weg der Erbschaft. Der K. Friederich I. hat wegen der Advocatie über das Kloster Mönchaurach Ziel und Maas vorgeschrieben; die Erben des Burggravens Gottfried sollten darinn nachfolgen. Die Mönche des Klosters konnten von dieser kaiserlichen Verordnung nicht abweichen, so lange ein Erbe von diesem Hause da war. Sie durften keinen andern Advocaten als aus der Nachkommenschaft des Gottfrieds erwählen. Der K. Friederich lebte auch noch, da dieser Burggrav mit Tod abgieng. Folglich hat sich das Kloster um so weniger unterstehen dürfen, von der Verordnung dieses Kaisers abzuweichen. Also muß der Grav Conrad von Zollern Burggrav in Nürnberg dem Gottfrieden in der Advocatie über jenes Kloster ohnfehlbar nachgefolget seyn. Ich will nun in das dreizehente Jahrhundert und in die folgende Zeit hineingehen. Es wird sich alsdenn jene Wahrheit deutlich veroffenbaren. Im Jahr 1267. treffe ich einen Abt von Mönchaurach bey dem Burggraven Friederich zu Kadolzburg an. Es bezeuget sich eine Urkunde, welche ich ganz hieher setzen will, weil ich mich unten auf ihren Innhalt nochmals beruffen muß. Sie ist dieses Innhalts: Vniuersis Christi fidelibus, Nos *Friedericus Burggrauius in Nuremberg*, ---
Nos igitur tenore presentium protestamur; quod ex communi consensu
Eliza-

Elizabeth vxoris noftre legitime, monaſterio ſancti Egidii in Nuremberg, in vſus Abbatis et conuentus eiusdem monaſterii, capellam ſancti
Othmari in Caſtro Nuremberg, in noſtra reſidentia ſitam, eo jure, ſicut
ab antecesforibus noſtris ad nos eſt delata, in omni jure patronatus,
et ſingulis vſibus, decimis, ortis, ariis, et aliis redicibus acquiſitis
hactenus et perpetuo acquirendis, contulimus manu coadunata, ac do-
namus intime propter Deum, Eligentes nobis et poſteris noſtris Dominum Abbatem, quicunque memorato monaſterio praefuerit, in Capellanum principalem, ita vt nobis noſtrisque poſteris, quandocius
Nuremberg ſuperuenerimus nec non quam diu ibi fuerimus, in ſaepe
dicta capella ab ipſo Abbate vel Monachis, diuina officia celebrentur,
nobis vero abſentibus tribus diebus in ebdomada a jam dictis Monachis etiam in eadem capella ſolempniter celebrentur. Et ne hec do-
natio, donacionisque collatio a quoquam, quod non credimus infrin-
gi valeat, vel alias in parte aliqua infeſtari, preſentes literas inſcribi
fecimus ſigilli noſtri munimine et vxoris noſtre pretaxate, cum ſub-
ſcriptis teſtibus, videlicet *Domino Burchardo Abbate in Vrach.*
Domino Friderico Decano in Cadelfpurck. (11)
Magiſtro Eberhardo,
Conrado de Herzogenhofen.
Friederico et Gotfrido militibus de Linth.
Hermanno et Friderico Notariis roboratas.
Datum Anno Domini milleſimo ducenteſimo ſexageſimo ſeptimo, quarto
nonas May, in caſtro Noſtro Kadelſpurck.

Hier iſt ein Burckardus Abbas in Vrach. Er iſt kein anderer als ein Abt
von dem Kloſter Mönchaurach. Was hat er bey dem Herrn Burggraven
zu thun gehabt? Warum iſt er als Zeuge mit unter die Urkunde geſetzet worden? Alle die Perſonen, welche in dieſer Urkunde ſind namhaft gemacht worden,
ſtunden mit dem Herrn Burggraven in beſonderer Connexion. Ein gleiches iſt
auch von dem Abten in Mönchaurach zu vermuthen. Ganz gewiß hat der Abt
dem Herrn Burggraven als ſeinem Schuzherrn eine Aufwartung gemacht. Ganz
gewiß iſt er von dem Herrn Burggraven in dieſem Handel, welcher eine geiſtliche oder eine Kirchenſache betraf, mit zu Rathe gezogen worden. Vielleicht
vertrat er die Stelle eines Canzlers. Vielleicht hatte er die Aufſicht über die
Urkunden, welche der Herr Burggrav ausfertigen ließ. Doch dieſe Urkunde ſaget ſo deutlich nicht, daß die Herren Burggraven ſind damals Voigte des Kloſters

(11) Manchmal findet ſich der Decanus zu Ursache hiervon gebe ich an einen andern Or-
Radolzburg, manchmal zu Langenzenn. Die te an.

ſters Mönchaurach geweſen. Deſto deutlicher aber ſagen es die Urkunden der folgenden Jahrhunderte. Und hier muß ich eine Urkunde vom Jahr 1344. aus des Herrn von Schüz *Cod. Diplom. pag. 253.* anziehen.

Wir Johanns vnd Albrecht von Gotes Gnaden Burggrauen ꝛc Nürnberg verjehen vnd tun kunt öffentlich an diſen Brief, daz wir vnſern lieben getrewen Cunrad, Hainrich, vnd Burghart Bonackern Gebrüdern — vnſern Hof zw Triebenprunn, dez di vogtey vns von Alter hat angehö- ret vnd auch noch angehöret vnd daz aigen daz Gotßhauß ſant Peters ꝛc Mönchaurach, vnd da funf Hub vnd ain Lehen aingehören, ꝛe rehten Er- be geliehen haben -- -- als denſelben Hof ihr Vater ſelig vnꝫ (12) her an ſie bracht vnnd gehabt hat -- on ſo viel daz ſi vns ſtewer vnd Bet davon nach vnſern Gnaden geben ſollen -- dazu ſullen ſie vns auch ꝛe rehten erb- zinuſe dienen, gelten vnd zinſen drew ſümer Korns vnd drew Habern --

Dieſe Urkunde ſcheinet vom geringen Innhalt zu ſeyn. Aber wenn man ſie mit Aufmerkſamkeit betrachtet: ſo findet ſich doch etwas merkwürdiges. Der Hof zu Triebenbrunn, welcher in dem Jurisdictionsamt Hagenbüchach lieget, gehörte den Herren Burggraven und auch dem Kloſter Mönchaurach. Die Herren Burggraven hatten daſelbſt die Voigtei. Der Hof aber war ein Eigenthum des H. Peters (13) oder des Kloſters Mönchaurach. Was bedeutet denn hier das Wort Voigtei? Dies Wort kan hier in zweierlei Verſtand genommen werden. Es bedeutet einmal die Gült, Bet, Steuer *u. d. g. Es bedeutet aber auch ſo viel als die hohe Jurisdiction, oder die Landeshoheit. Denn das Wort Lan- desholheit war damals noch nicht bekannt. Man gebrauchte an deſſen Statt das Wort Voigtei. Die Güter des Kloſters Mönchaurach, oder die Leute, welche ſelbige baueten, wurden nicht anders, als Unterthanen der Herren Burg- graven betrachtet. Die Herren Burggraven exercirten über dieſe Leute alle Actus Iurisdictionis. Beide Voigteien hatten nun die Herren Burggraven in jenem Hof. Wie kamen ſie aber zu dieſem Hof? Da er ein Eigenthum des Kloſters Mönchaurach war: ſo folget, daß ſie ihn von dem Kloſter zur Nuznieſſung be- kommen haben. Vermuthlich hatte ihn der Burggrav Gottfried auch im Beſiz. Vermuthlich ſchrieb er ſich von den Graven von Hochſtätt her. Aber aus was für Urſachen bekamen ſie dieſen Hof? Nicht umſonſt. Auch nicht deswegen, daß ſie von dieſem Hof dem Kloſter ſollten Gült geben. Sie gaben davon gewiß keine Gült; wie aus der Urkunde deutlich abzunehmen iſt. Warum be- kamen

(12) Das Wort vnꝫ bedeutet ſo viel als bis. Unſere Bauern gebrauchen dieſes Wort noch ſtark.
(13) Ich weiß nicht, wo der Herr von Schüz

in ſeinem Corpore Diplom. pag. 205. hingedacht. wenn er daſelbſt ſchreibet, daß die Herren Burg- graven hätten die Bonacker mit dem Gottesbauß St. Peter beliehen —

kamen sie denn diesen Hof? Um der Advocatie willen, welche sie über das ganze Kloster hatten. Umsonst gaben die Klöster den weltlichen Herren keine Güter. Die Herren übernahmen die Advocatie nicht allemal umsonst. Hiebey ist aber zu merken, daß die Bonacker jenen Hof nicht erst im Jahr 1344. zu Lehen von den Herren Burggraven bekommen. Ihr Vater und vermuthlich ihre Vorältern hatten ihn schon von ihnen zu Lehen. Der Hof war den Herren Burggraven nicht recht gelegen. Sie konnten ihn nicht wol bauen lassen. Daher liessen sie ihn von den Bonackern bauen, welche zu Triebenbrunn schon Güter hatten (1) und die ihnen davon Gült und Steuer geben musten —

Die Urkunden der folgenden Zeiten reden hievon noch deutlicher. Ja nachfolgende Urkunde vom Jahr 1464. bezeuget dies auf das allerdeutlichste:

Irrleuchtiger (2) hochgeborner Fürst vnd gnädiger Herr, vnser demüthiges Gebet sei E. Fürstlich Gnaden allzeit bereit, Als vns E. F. G. hat zu geben ewer Gnaden Erbar Räthe, die sprun die wir haben gen vnsern Vicarier

---

(1) Wie aus einer Urkunde in dem angezogenen Cod. Diplom. num. 137. unter dem Jahr 1305. aus folgenden erhellet: Nos *Beringerus* Dei gratia Abbas in *Frach* publice profitemur — quod nos Henrico dicto *Bonacker* ac Kunigundae vxori eius — monasterii nostra bona sita in Tripenbrunn — contulimus — Diese Bonacker waren nicht bürgerlichen Standes. Sie waren auch nicht von Bauern Stande. Sie waren vielmehr von dem Militär Stande. Die alten Urkunden bezeugen dieses. Unter andern beweiset dieß eine Urkunde in dem zweiten Versuch meiner Burggräulich Nürnbergischen Geschichte S. 89. unter dem Jahr 1284. des Gottfridi Nobilis de Haideck worinn es am Ende also lautet: Huius rei testes sunt: Burchardus de *Imelndorf* (ein Dorf ohnweit Lichtenau) Conradus dictus Günzelin, Milites. Item Albertus dictus Gunzelin, Henr. de *Frach*, (Petersaurach) *Henricus dictus Bonacker Milites* — Hier kommen Milites und Militares zum Vorschein. Dieß sind Ritter und Knechte. Miles bedeutet hier einen Ritter und Militaris einen Knecht; wie ich schon im 5ten Stück meiner Wappen-Belustigung §. 103. und folg. dargethan habe. Diese Knechte waren auch von dem Militär Stande

folglich war auch der Albertus Bonacker von diesem Stande. Eine andere Urkunde, in des Herrn Geheimen Raths von Jung *Miscell.* Tom. I. *pag.* 51. unter dem Jahr 1340. bezeuget dieß mit deutlichen Worten. Denn daselbst liest man also: Dieser Ding sint Gezeugen: Die ersam vesten Leute Hermann von Bruggebert (Bruckberg) Cunrat und Hermann Bonacker, Hermann von Cetelaauwe (Cetelsau ohnweit Lichtenau.) Die Prädicate ersam und vest, im Lateinischen honorabilis et strenuus, bekamen die vom Militärstande. Folglich waren die Bonacker gewiß vom Militärstande. Allen Ansehen nach, waren die Bonacker ehedem Ministeriales der Nobilium de Haideck, welche sich zu Lichtenau aufhielten, und die einen grossen Lehenhof hatten, ob sie gleich nur Dynasten waren. Vermuthlich hatten die Bonacker ihren Sitz ohnweit Lichtenau. Die angezogenen Urkunden lehren dieß nicht undeutlich. Die Herren von Haideck verkauften Güter an die Herren Burggraven, und damit werden die Bonacker auch an sie gekommen seyn. Die Bonacker gehören also zu den alten Burggräulichen Vasallen. (2) Die Worte Irrlaucht, Erlaucht und Durchlaucht haben einerley Bedeutung.

D

Vicarier der Pfarr Emßkirchen (3) vns zu verhören zu beeder Partei
vnd uns entrichten ꝛc. Gnädiger Herr habe erkaent, solten wir die sach
von Hand geben haben, daß wir nicht möchten sein belieben, bei dem spru-
che, den ewer F. G. zwischen vns gethan hat, deß wir vns kräftiglich halten vnd begehren zu gebrauchen, Ew. Gnaden armen Kloster zu nuß,
Gnädiger Herr bitten wir, E. F G. als vnsern rechten natürlichen Erbherrn, E. Gnaden wollen das arme Closter bei solcher seiner Gerechtigkeit
behalten vnd voraus nach innhalten vnser Päbstlichen Bullen, vnd dem Vicarier zu Embßkirchen nicht gestatten, zu besitzen die Pfarr, ohn ein De-
putat (4) deß er sich wehrt zu reichen bem Closter, So doch mancher from-
mer Priester seinthero, sich gen vns erzeiget hat, er woll hundert Gulden
geben in absenti von der Pfarr, als vor Alter her ist kommen, vnd bishie-
her gewest ist ꝛc. das wollen wir andächtlichen gen Gott vmb E. F. G.
verdienen zu allen Zeiten, Datum an vnser starren Abend Wurtzweih (5)
LXIIII.

Oßwald Prior vnd die Brüder deß Convents zu Münchaurach.

Dem Jrrlauchtigen Hochgebornen Fürsten vnd gnädigen Herrn, Herrn
Albrecht, Marggraffen zu Brandenburg, Burggraffen zu Nürnberg ꝛc.
vnsern Gnädigen Herrn ꝛc.

Auch diese Urkunde scheinet vom geringen Jnnhalt zu seyn. Aber sie ist doch
höchstmerkwürdig. Sie zeuget überhaupt von der Gewalt und von den Rechten,
welche die Herren Burggraven, schon vor der Reformation, in geistlichen Sachen
hatten. Doch damit will ich mich jezt nicht aufhalten. Jch komme auf den vor-
nehmsten Punkt. Die Mönche dieses Klosters nennen ihr Kloster ein armes Kloster des Herrn Marggravens. Und weswegen? Es war arm, weil die Güter,
wovon die Mönche lebten, für Allmosen gehalten wurden, und weil ihnen nichts eigenthümliches zustunde. Es war aber auch arm in Absicht anderer Klöster, und
davon die Ursache wird unten angegeben werden. Aber, warum nennet es sich ein
Kloster

(3) Da das Kloster Mönchaurach das Ius Patronatus der Pfarr Emßkirchen hatte: so war der
Pfarrer als der Vicarius des Klosters anzusehen.
(4) Die Lehenherren der Kirchen foderten auch
ein Laudemium von denen Personen, welchen
sie die Pfarren verliehen. Der Abt zu Mönchaurach, als Patron der Kirche zu Emßkirchen,
begehrte nun auch ein Handlohn. Darauf beziehet sich seine Foderung in dieser Urkunde. Es ist

aber bedenklich, daß er deswegen nicht bey dem
Bischoffe in Würzburg, sondern bey dem Herrn
Markgraven klaget, da es doch eigentlich eine
geistliche Sache betraf.
(5) Dieß ist der 15. August, oder der Marien
Himmelfahrtstag. An diesem Tag werden
Wurzel und allerhand Kräuter geweihet, welche
für das Vieh und für alle Hexereien sehr gut
seyn sollen.

Kloster des Herrn Markgraven? Nicht nur um der Voigtei willen, welche er über dies Kloster hatte. Deswegen vornämlich wird dies Kloster ein Eigenthum dieses Herrn genennet; weil es von seinen Vorältern ist gestiftet oder mit reichen Einkünften ist versehen worden. Dies geschahe ganz gewiß von dem Burggraven Gottfried oder von der Freundschaft seiner Gemalin, als welche unstrittig eine Grävin von Höchstätt gewesen ist. Dazu kommet noch der merkwürdige Umstand, daß das Kloster Mönchaurach den Herrn Markgrafen seinen rechten natürlichen Erbherrn nennet. Dies will sehr viel sagen. Dies will mehr sagen, als wenn das Kloster den Herrn Markgraven seinen Advocaten genennet hätte. Die Herren Burggraven waren Erbherren und zwar rechte und natürliche Erbherren des Klosters Mönchaurach. Sie sind Herren dieses Klosters durch das Recht der Erbschaft geworden. Von wem aber haben sie dieses Recht geerbet? Sie musten es nothwendig erben, weil sie in Franken nicht zu Hause waren. Von niemand anders kohnten sie dies Recht erben, als von dem Burggraven Gottfried. Die Urkunde Kaiser Friederichs I. lehret dies auf das deutlichste — Ehe dies noch deutlicher gezeiget wird, muß ich zuvor noch einige hieher gehörige Umstände berühren. Da findet sich unter andern dieses: Im Jahr 1490. citirte der würzburgische Fiscal den Pfarrer zu Emskirchen, welche Pfarr zum Kloster Mönchaurach gehörete, nach Würzburg. Der Abt Endres (Andreas) berichtete dieses an den Herrn Markgrafen Albrecht, welcher sogleich ein nachdrückliches Schreiben an den Bischoffen zu Würzburg ergehen ließ, worauf der Pfarrer zu Emskirchen, mit Frieden gelassen worden. Der Abt bat auch, der Herr Markgrav wolle ihn und sein Kloster bei alter Freiheit und Herkommen, auch wider die Andringlichkeiten der Bischöffe zu Würzburg schützen — Dazu setze ich weiter dieses: Wier Leonhart von Gottes Verhengnus Abbte vnd der Convent gemeiniglich des Closters zu Münchaurach Sannt Benedicten Ordens Würzburger Bistumbs bekennen öffentlich, das wier — — recht und redlich vererbt vnd verliehen haben — — Claßen Förstern zu Hagenpüchach — vnsern Hofe zu Triegenbrunn, daselbst bey Hagenpüchach gelegen, der dann vnser — — aigen vnd auch der Vogtey zu dem Ambt Hachenpüchach vnterworffen ist — — 1480. Endlich muß ich noch folgende Urkunde anziehen.

Wir Friederich — Marggraff zu Brandenburg — Burggraff zu Nürnberg — bekennen — als sich irrung und gebrechen erhaben — zwischen unsern Rath und lieben getreuen Conzen von Lüchau Ambtmann zu Hagenbüchach, etlicher desselben vnsers Ambts Obrigkeit halben, Eins, und dem würdigen unsern Prälaten, Rath und lieben Getreuen Herrn Endrissen Abte und dem Convent zu Münchaurach andern theils, und dann aber zwischen denselben Abt und Convent eines und dem Richter, Schöpfen und armen Leuthen gemeiniglich des Ambts Hagenbüchach andern theils, deßhalben wir allen jetzt ermelten

Par-

Partheien zu gütlicher Verhör und Verhandlung der Sachen, einen Tag für Uns gesetzet — heute dato vor unß und unsern Räthen erschienen sind — Gegeben zu Cadolzburg am Freitag nach unser lieben Frauen Tag ihrer Geburt 1493.

Diese Urkunde zeuget nicht nur von der Advocatie der Herren Burggraven über das Kloster Mönchaurach. Sie zeuget auch davon, daß dies Kloster müsse den Herren Burggraven besonders verbunden gewesen seyn. Dies erhellet daher, weil der Herr Markgrav Friederich den Abten zu Mönchaurach seinen Rath, und was das merkwürdigste ist, seinen lieben und getreuen nennet. Denn er nennet ihn so, nicht etwan deswegen allein, weil er dessen Rath war. Deswegen nennet er ihn vornämlich so, weil er als Abt dem Herrn Markgraven besonders verpflichtet war, ihm getreu zu seyn. Daraus folget, daß die Aebte zu Mönchaurach den Herren Burggraven haben huldigen, und sie als ihre Landesherren haben ansehen müssen. Daraus folget weiter, daß die Herren Burggraven haben mehrere Rechte über jenes Kloster gehabt, als andere Voigte über die Klöster hatten. Denn nicht alle Voigte hatten einerley Rechte über die Klöster. Dies erhellet nun daher, weil die Aebte die Herren Burggraven ihre rechte natürliche Erbherren, und nicht ihre Voigte nennten. Zwischen dem Erbherrn eines Klosters und zwischen dem Voigt eines Klosters ist gewiß ein beträchtlicher Unterscheid. Auf welchem Weg nun die Herren Burggraven sind Erbherren des Klosters Mönchaurach geworden, das ist schon oben gesaget worden. Ganz gewiß hat der Burggrav Conrad I. sich mit des letzten Burggravens Gottfried Tochter vermälet. Ganz gewiß hat er dadurch die Erbvoigtei über das Kloster Mönchaurach erhalten. Ganz gewiß hat er sich durch diese Vermälung so gleich den Weg zu dem Burgaravthum Nürnberg gebahnet. Dieses Frauenzimmer verdienet auch in ihrer Asche alle Hochachtung. Es verdienet, daß selbiges der Vergessenheit entrissen, und daß selbigem von der späten Nachkommenschaft ein Denkmal errichtet werde. Es verdienet, daß man selbiges näher kennen lerne, und daß es als ein Zeuge von den Wahrheiten aufgestellet werde, welche ich oben vorgetragen habe. Eine Urkunde des Römischen Königs Heinrich, des Prinzen Kaisers Friederich II. vom Jahr 1225. darinn er das Egidien Kloster zu Nürnberg in seinen Schutz nimmt und sogleich die Schenkungen bestättiget, welche diesem Kloster von Zeit zu Zeit gethan worden, diese Urkunde wird uns jenes Frauenzimmer kennen lernen. Sie wird uns auch in dieser dunklen Sache ein Licht aufstecken. Sie befindet sich unter andern in der Historia Norimberg. Diplom. Num. VI. pag. 50. darinn folgendes zu merken ist.

Watrendorf cum Aduocatia ex teſtamento regis Conradi --- Meckenlohe quinque manſos ex dono Goſfridi Burggrauii. Strophaim ex dono filiae eius --- ſex manſos ex dono Hildegardis Praefeчtisſae ---- Bodelprunae vnum manſum ex dono Ludouici de Aspach. Melach vnum manſum

manſum ex dono *Conradi Praefecti de Nuremberga.* Villam Huil ex dono *Gotfridi filii* eius ---

Ueber dieſe Stelle hat der Herr von Wölker verſchledene Gloſſen gemachet, Ehe ich ſie mittheile und prüfe, muß zuvor Falkenſteins Anmerkung über dieſe Urkunde geprüfet werden. Er ſchreibet im dritten Theil ſeiner Nordgaulſchen Alterthümer §. 12. S. 16. alſo: Sollten es aber zwey Perſonen und etwan Vater und Sohn ſeyn: ſo dürfte vielleicht dasjenige, was in der *Comitia Burggrauiae pag. 110.* mit folgenden allegiret finde: dieſes iſt aus einem dem Kloſter S. Gilgen zu Nürnberg ertheilten *diplomate Henrici ſeptimi* --- gewiß, daß Gottfried ein Burggraf zu Nürnberg geweſen --- zum Beweiß wollen allegiret werden; welches ich auch davor erkennen wollte, wofern mich nicht hievon zwey wichtige Urſachen abhielten. Denn erſtlich kann dieſes *Diploma* von K. Heinrich *VII.* nicht ausgefertiget worden ſeyn, weil dieſer, bekandter maſſen, von *Anno* 1308. bis 1313. als Kaiſer, und alſo nach *Rudolpho Habſpurgico,* regierte, von welchen Zeiten wir von keinem andern Burggraven zu Nürnberg etwas wiſſen, als allein aus dem Hauſe Zollern; zu dem ſtimmet auch die angeſetzte Jahrzahl 1215. mit den Regierungs-Jahren des Kaiſers *Henrici VII.* nicht überein. Sollte aber König *Henricus,* Kaiſers *Friderici II.* Sohn, darunter verſtanden werden wollen, der von *Anno* 1220. bis 1235. die Römiſch-Königliche Würde geführet, ſo wiſſen wir ja aus geſicherten Urkunden, daß *Conradus* aus dem Hauſe Zollern damals Burggraf zu Nürnberg geweſen. Wäre es nun dieſer: ſo kann es kein anderer ſeyn: Zu dem ſtehet dieſem *Aſſerto* im Wege, daß dieſes *Allegatum* auf denjenigen *Gotefredum,* von welchem allhier die Rede iſt, unmöglich kann appliciret werden, weil es die Zeit-Rechnung nicht zuläſſt. Dahero weiß ich nicht, was von dieſem *Diplomate* des *Henrici* zu halten und zu ſagen. Will aber jemand die Erklärung dieſes *Diplomatis* wegen der Zeitrechnung dahin machen, es ſey die von Vater und Sohn längſt vorher geſchehene *Fundation* um dieſe Zeit erſt confirmiret worden, ſo laſſe ich dieſes nun zwar an ſeinen Ort geſtellet ſeyn, mögte aber wünſchen, daſſelbe in *Extenſo* zu ſehen, wo ſich denn aus dem Zuſammenhang das weitere ergeben dörfte.

Falkenſtein hat ſich hier vergebliche Mühe gemachet. Die angezogene Urkunde behält ihren Werth. Sie iſt nichts anders als eine Beſtättigung der Schenkungen, welche dieſem Kloſter ſind vorher von verſchiedenen Perſonen gethan worden. Der Burggrav Gottfried hat alſo freylich nicht zu dieſes Königs Zeiten gelebet --- --- --- Nun müſſen wir vernehmen, was der Herr von Wölker für Gloſſen über dieſe Urkunde machet. Er läſſet ſich S. 53. alſo vernehmen: Die Worte *ex dono filiae ejus* geben zu erkennen, daß die *Officiales* nicht alle *Bona* innen gehabt, auch ſelbige noch nicht erblich geweſen. Vornämlich aber wird bey dieſem *Documento* zu

D 3   beobach-

beobachten seyn, die zwischen dem *Praefecto* und *Burggrauio* darinn gemachte Unterschied --- Soviel aber den Unterschied wegen des *Praefecti* anlanget; so ist hiebei beträchtlich, daß der Herr geheime Rath von Jung am angezogenen Orte, nämlich in der *Comicia Burggrauiae pag. 110.* unser Document und die hieher gehörigen *Passus* ganz anders anführet, als sie vorstehenden Innhalt nach eigentlich verlauten sollen. (6) Denn in unsern Document sind die Worte diese: *ex dono Gottfridi Burggrauii. Stropheim ex dono filiae eius etc. ex dono Conradi Praefecti de Nurenberg Villam Huel, ex dono Gottfridi filii ejus Kennat --- ---* Herr Jung aber allegiret selbige also: *ex dono Gotfridi Burggrauii, Strupheim ex dono filii (statt filiae) ejus Nemsdorf* und weiters *pag. 111 ex dono Burggrauii Gotfridi* (soll heissen *Conradi Praefecti) ex dono filii ejus* (soll heissen: *ex dono Gotfridi filii ejus)* — Dieß sind die Glossen, welche der Herr Consulent von Wölker über obige Urkunde gemacht hat. Sie sind aber von schlechten Werth. Denn was soll das heissen? Die Worte *ex dono filiae ejus* geben zu erkennen, daß die *Officiales* nicht alle *Bona* innen gehabt, auch selbige noch nicht erblich gewesen --- Die Tochter eines Burggrauens schenket einige Gütter weg; also sind die Bona nicht erblich gewesen: Quae qualis Consequentia mögte man hier ausruffen. Was sind dieß für Bona gewesen, welche die Burggräfliche Tochter weggeschenket hat? Sind es etwan Reichslehen oder Reichsgütter gewesen? Wie wäre sie dazu gekommen? Und wie hätte sie selbige verschenken dürfen? Da sie selbige aber doch verschenket: so müssen sie Allodia oder solche Gütter gewesen seyn, welche ihr eigenthümlich zugestanden haben. Es ist also dieß eine sehr elende Anmerkung, welche zur Verkleinerung der Herren Burggraven abzwecken sollen. Dergleichen man in grosser Menge in seinem Buche findet, sie mögen sich nun reimen oder nicht --- Darnach ist noch zu bemerken, daß es nicht Filiae heissen müsse. Es muß vielmehr Filii dort stehen. Dieß weiß ich gewiß. Der Herr Consulent hat dem berühmten Herrn Hofrath Hansselmann eine bessere Abschrift aus dem Nürnbergischen Archiv communiciret, welches ich auch gewiß weiß, und welche er seinem Werk von der Landeshoheit des Hauses Hohenloh im ersten Theil unter den Urkunden Num XVIII. pag. 393. beigefüget hat. Daselbst liest man nun also:

Orantes tantum pro se et pro statu imperii ac totius ecclesiae salute (7)
Nomina autem possessionum haec sunt:

Vazen-

---

(6) Das Original von dieser Urkunde lieget in Nürnberg. Man hat daselbst diese Urkunde fehlerhaft abgeschrieben. Diese fehlerhafte Abschrift kam weiters und unter andern nach Ansbach. Es kann also niemand wundern, wenn in der Comicia Burggrauiae diese fehlerhafte Urkunde ist fehlerhaft angezogen worden. Eben also fehlerhaft stehet sie auch in dem Schützischen

Cod. Diplom. Brandenburg.

(7) Manche Klöster mußten in Kriegszeiten dem Kaiser Hülfe schicken. Das Egidien Kloster in Nürnberg war hievon befreiet. Es durfte nur für den Kaiser beten. Dieß war leichter geschehen, als jenes. Hiebei durfte man sich keine Unkosten machen —

Vazendorf cum aduocacia sua ex teſtamento Regis Conradi.
Idem Rex contulit duas partes decimæ in Herolsperg, tres manſos in
   Lewmburg, in Typerſtorf vnum manſum. Heydelbach vnum man-
   ſum, in Baneshauſen duos manſos, in Biberbach et Simonhoue tres
   manſos et dimidium.
Weiſenprunnen duos manſos ex dono Alberti de Danne, cum Aduocacia.
Huſerbühel ex dono Alberti de Reytz cum Aduocacia.
Rorenſtatt vnum manſum ex dono Turnikardi de Reginhoue cum aduocacia.
Keſenbach vnum manſum ex dono eiusdem matris.
Ballingen et Holzheim ex dono Reingeri de Herisbach.
Meckenloch quinque manſos ex dono Gotfridi Burggrauii.
Strawpaim ex dono filii ejus.
Memsdorf tres manſos ex dono Reymari.
Rorendorf vnum manſum ex dono Eberhardi de Rietfeld.
Meirsperg quinque manſos ex dono Lewpoldi de Grundela.
Gotelendorf duos manſos ex dono Rihzae incluſae (8)
Hezelbach tres manſos ex dono Gerhardi de Zewheim cum Aduocacia.
Dornheim duos manſos ex dono Lewpoldi et filii ejus de Grundela:
*Helboltzheim, Vngersheim et Kirchheim ſex manſos ex dono Hildegardis
   Praefectiſſae.*
Godelbrune vnum manſum ex dono Ludwici de Aspach.
Sydelbach vnum manſum ex dono Iutae de Hauſen, cum aduocacia.
Hagerhawſen et Rotenpach duos manſos et dimidium ex dono Markardi
   de Hallenhawſen.
Hosmansdorff vnum manſum ex dono Adelheidis de Henige.
Richolſwant duos manſos ex dono Burkardi de Ginſenha
Melguch vnum manſum ex dono Conradi Praefecti de Nuremberge
Villam Huil nouem manſos ex dono *Gotfridi Burggrauii*
Newſaz quatuor manſos ex dono Gottfridi filii ejus.
Kempnat quatuor manſos ex dono Menradi de Kempnat.
Hagenhawſen et Hewndal tres manſos ex dono Iute de Tanne.
Ferriden vnum manſum ex dono Alberti Lupi
Lechendorf vnum manſum ex dono Herdegen de Grundla (Gründlach)
Rorenſtat vnum manſum et dimidium
Ganſtorf vnum manſum
Vra vnum manſum

                                        Krigen-

---

(8) Sie war in das Egibien Kloſter einge-
ſperret. Dieß Kloſter mußte ſie erhalten. Aber
ſie mußte ihren Erbtheil mit in das Kloſter
bringen.

Krigenbrunn vnum manſum
Kranach quatuor manſos cum aduocacia ---
Teſtes autem ſunt ---

Otto Dux Meraniae
Conradus Burggrauius de Nuremberg

Acta ſunt haec
Anno. 1225.

Datum apud Nuremberge. Alſo ſtehet in dieſer Urkunde.
Es iſt alſo gewiß, daß in ſelbiger nicht Filiae Gotifridi Burggrauii darf geleſen
werden. Es heiſſet Filii Gotfridi. Ob aber der Sohn des Burggravs Gottfried
dieſe Schenkung wirklich gethan hat, das getraue ich mir nicht zu behaupten. Es
kommet mir wahrſcheinlicher vor, daß ſie eigentlich ſein Vater gethan hat um ſeiner
Seelen Heil willen. Vermuthlich iſt der Sohn vor dem Vater geſtorben. Vermuthlich iſt er in das Egidien Kloſter begraben worden. Umſonſt wurde niemand
in die Klöſter begraben. Dieſe Ehre muſte theuer bezahlet werden. Vermuthlich
wurden in dieſen Kloſter Seelmeſſen für den jungen Burggraven geleſen. Und dafür
that ſein Vater dieſe Schenkung. Nun komme ich auf die zwote Gloſſe des Nürnbergiſchen Schriftſtellers. Er ſaget der Unterſchied zwiſchen einem Praefecto und
Burggrauio wäre in dieſer Urkunde wohl zu beobachten. In dieſer Urkunde kommet
nämlich ein Gotfridus Burggrauius und ein Conradus Praefectus zum Vorſchein ---
Der Nürnbergiſche Schriftſteller erinnert uns hier, auf den Unterſchied zwiſchen dieſen
Perſonen ja wol zu merken. Er hat aber dieſes NB. vergeblich gemachet. Es iſt
wahr, der Gotfridus und der Conradus ſind zwo Perſonen. Aber war denn auch
ihr Amt zweierlei, oder von einander unterſchieden? Nichtsweniger. Der Nürnbergiſche Schriftſteller meinet freilich das Gegentheil. Woher kommt aber dieſes?
Es kann dieß aus doppelten Urſachen geſchehen ſeyn. Vielleicht glaubte er, jene
zwo Perſonen hätten zu einer Zeit in Nürnberg gelebet. In dieſem Fall müßte freilich zwiſchen einem Burggrauio und zwiſchen einem Praefecto ein Unterſchied ſeyn.
Beide müßten verſchiedene Aemter gehabt haben. Aber ſie haben nicht zu einer Zeit
in Nürnberg gelebet. Der König Heinrich beſtättigte die Schenkungen, welche
dem Egidien Kloſter ſind von Zeit zu Zeit gemachet worden. Ganz gewiß haben jene
zwo Perſonen zu verſchiedenen Zeiten in Nürnberg gelebet. Alſo iſt zwiſchen ihnen
kein Unterſchied. Oder vielleicht hat der Nürnbergiſche Schriftſteller geglaubet, es
ſeye zwiſchen einem Burggrauio und zwiſchen einem Praefecto in Nürnberg ein Unterſchied geweſen. Auch dieß iſt gefehlet, weit gefehlet. Die Worte Caſtellanus,
Burggrauius und Praefectus ſind Synonyma. Sie ſind von den Scribenten mitt-
lerer Zeiten allemal in gleicher Bedeutung genommen worden. Dieß iſt nun ſo gewiß, ſo gewiß dreimal eins, drei ausmachet. Der Nürnbergiſche Schriftſteller
hätte dieß ſelbſt leicht begreiffen können. Er ziehet ſelbſt S. 54. aus einer Urkunde

. vom

vom Jahr 1142. einen Henricum Praefectum Ratisbonnensem und einen Goto-
fredum Castellanum de Nurnberc an. Der Praefectus Ratisbonnensis ist kein
anderer als ein Burggrav von Regensburg, und zwar auch ein Herr vom hohen
Adel oder gräflichen Stande. Der Castellanus Gotofredus aber ist ein Burggrav
von Nürnberg. Also ist der Conradus Praefectus de Nuremberg, welcher oben in
der Nürnbergischen Urkunde vorkommet, auch kein anderer als ein Burggrav von
Nürnberg. Wer war er aber? Nicht derjenige, welcher in dieser Urkunde vom
Jahr 1285. als Zeuge vorkommet. Denn dieß ist der Conradus II. oder der Senior, der Vater des Conradi Pii. Jener Conrad lebte vorher. Er würde sonst
nicht zweierlei Namen bekommen haben. Er würde sonst nicht bald Praefectus,
bald Burggrauius genennet worden seyn. Jener Conradus Praefectus ist
der Burggrav Conrad I. Dieser wird in den Urkunden, bald Castellanus, bald Praefectus, bald Burggrauius genennet. So kommt in einer Urkunde
vom Jahr 1164. in den Monumentis Boicis Tom. V. pag. 160. ein Cunradus
Burggrauius de Nurenberg zum Vorschein. In einer andern Urkunde K. Friederichs I. vom Jahr 1183. am angezogenen Orte S. 358. kommet ein Conradus
Praefectus de Nurinberg vor. So kommet in Glasei Anecdot. in einer Urkunde
K. Friederichs I. unter dem Jahr 1184. ein Conradus Castellanus de Nurnberc
zum Vorschein. Abermals wird in einer Urkunde vom Jahr 1198. in den Monum.
Boi. Tom V. pag. 360. ein Chunradus Praefectus de Nurinberg unter den Zeu-
gen angeführet. Sollte dieser Conradus, der bald als Burggrauius, bald als
Castellanus und bald als Praefectus vorkommt, sollte er nicht eine Person seyn?
Ganz gewiß war es. Folglich haben die Worte Castellanus, Burggrauius und
Praefectus einerlei Bedeutung. (1) Folglich haben die Worte Burggrauius und
Praefectus in der Urkunde K. Heinrichs vom Jahr 1228. auch einerlei Bedeutung.
Folglich heisset Praefectus auch ein Burggrav. Aber, warum wurde nicht Burggrauius gesetzet, so wie der Conradus unter den Zeugen ist Burggrauius genennet
worden? Der Königliche Notarius, welcher diese Urkunde schrieb, nennte die Personen so, wie er sie in den Urkunden fande. Ganz gewiß hat das Egidien Kloster
die Schenkungs-Briefe vorgeleget. Darnach wurde nun der Bestättigungs-Brief
eingerichtet. Da also der Burggrav Conrad I. in seinem Schenkungs-Brief sich
Praefectus nennet: so behielte der Notarius dieses Wort in der neuen Bestättigung
bey. In eben dieser Urkunde kommet eine Praefectissa Hildegardis zum Vorschein,
welche an das Egidien Kloster auch eine Schenkung gethan hat. Wer war wohl
dieses Frauenzimmer? Da Praefectus ein Burggrav heisset: so wird hier Praefectissa nichts anders als eine Burggrävin bedeuten. Ganz gewiß war sie die Gemalin des Conradi Praefecti de Nurenberg. Wer war sie wol von Geburt?
Oder noch deutlicher zu fragen: wer war ihr Vater? Wir müssen hier nur muth-
maßen.

E

(1) Ich werde dieß künftig in einer besondern Abhandlung zeigen.

maſſen. Da ſie und ihr Gemal der Burggrav Conrad I. an das Egidien Kloſter
Schenkungen gethan haben: ſo iſt dieß ein Beweiß, daß ſie in dieß Kloſter, ſind
auch begraben worden. Man war damals für die Ruhe ſeines Leibes nach dem
Tode und für das Heil ſeiner Seelen mehr beſorget als heut zu Tage. Man war
mehr beſorget, Vergebung der Sünden zu bekommen und von dem Fegfeuer, bald
erlöſet zu werden --- Beides ſuchte man durch Schenkungen an die Klöſter und
Kirchen zu erhalten. Dergleichen Schenkungen wurden Allmoſen genennet. Alſo
heiſſet es in der oben angezogenen Urkunde K. Heinrichs vom Jahr 1225. von dem
Egidien Kloſter in Nürnberg: Praedicta Ecclesia de Eleemosinis Regalibus funda-
ta eſt --- Eben ſo ſtehet in der Urkunde der beiden Burggraven zu Nürnberg,
Conrad und Friederich vom Jahr 1246. darinn ſie ihren Miniſterialibus die Er-
laubniß geben, an das Kloſter Heilsbronn, Schenkungen thun zu dürfen: vniuersis
Miniſterialibus et ceteris hominibus noſtris, vt libere conferant eidem monaſterio Eleemosinas suas de mobilibus et immobilibus bonis suis --- Eben deswegen ſchenkte der Burggrav Conradus pius die Herrſchaft Virnsberg den Brüdern des deutſchen Ordens zu Allmoſen --- Aber, warum wurden dergleichen
Schenkungen Allmoſen genennet? Deswegen, weil ſie um Gottes willen aus Mit-
leid, der Kirche gewidmet worden, damit diejenigen, welche die Gottesdienſte ver-
ſahen, davon leben konnten. Es war aber noch eine Urſache, warum dergleichen
geſtiftete Gütter Allmoſen genennet wurden. Die heidniſchen Prieſter hatten dieſe
Lehre aufgebracht, daß dergleichen Gütter zu dem Patrimonio Deorum und alſo
inter res nullius, müßten gezehlet werden. Als das Chriſtenthum aufkam: ſo behielten die chriſtlichen Geiſtliche dieſen Lehrſaz bei. Sie zähleten die Kirchen-Gütter
auch zu dem Patrimonio Dei et Sanctorum. Daher wurden dergleichen Gütter
unter den allgemeinen Namen gebracht, das Gotteshauß, der Heiling. Da man
nun glaubte, daß die Kirchen-Gütter in Dominio Dei et Sanctorum ſeyen, und daß
ſie den Geiſtlichen nichts angiengen; da man weiters ſchloß, daß die Geiſtlichen
unter die Armen gehöreten, weil ſie nichts eigenes hatten: (2) ſo wurden daher die
Gütter, davon ſie ihren Unterhalt nahmen, mit dem Namen Allmoſen beleget, und
ſie ſelbſt Arme genennet; dergleichen Ehrentitel, ſie im geiſtlichen Recht gar oft
bekommen --- --- Dieſe Allmoſen hatten nun nach dem damaligen Begrif einen
groſſen Nuzen. Man ſahe damit auf die Worte Tobias Cap. 4, 11. 12. Allmoſen

---

(2) Aus eben dieſem Grunde wurden die
Leibeigenen, welches unſere heutigen Bauern ſind,
in den Urkunden die armen Leute genennet.
Sie hatten auch nichts eigenes. Die Gütter,
welche ſie baueten, gehöreten ihren Herren.
Der Herr Hofrath Gonne meinet zwar in einer
Abhandlung, von dieſen armen Leuten, welche

in den Erlanger gelehrten Anzeigen anzutreffen,
ſie wären deswegen arme Leute genennet worden, weil ſie ſich nicht ſelbſt ſchäzen konnten.
Das leztere iſt wol wahr; aber deswegen hieſſen
ſie nicht arme Leute. Ihre Armuth, da ſie
nichts eigenes hatten, gab ihnen dieſen Namen.

sen erlösen von allen Sünden, auch vom Tode, und lassen nicht in der Noth. Allmosen ist ein grosser Trost vor dem höchsten Gott, welches Cap. 12, 9. wiederholet wird. Dieser Spruch war nun ein kräftiger Bewegungs-Grund, an die Kirchen und Klöster Stiftungen zu thun. Man hatte aber noch eine Ursache. Man glaubte damals, man könnte an keinem Ort ruhiger schlaffen, man wäre an keinem Orte vor den bösen Geistern sicherer, als in den Klöstern. Daher liessen sich so viele Personen, welche es aufzuwenden hatten, dahin begraben. Hierzu kam noch dieses. Man hielte es für eine besondere Glückseligkeit, wenn man im Tode neben seinen nächsten Freunden ruhen konnte. Man war daher in seinen Leben hierauf besonders bedacht, dieses Glücks theilhaftig zu werden. Daher gab dieß einen Bewegungs-grund vornämlich mit ab, an diejenigen Klöster und Kirchen Stiftungen zu thun, wo die nächsten Freunde ruheten; damit man im Tode mögte zu ihnen gesellet werden.

Nun will ich an den Burggraven Conrad I. und an seine Gemalin Hildegard gedenken. Diese beiden Personen thun Stiftungen an das Egidienkloster in Nürnberg. Weswegen thaten sie dieß? Ganz gewiß aus der Ursache, damit sie in diesem Kloster ihre Ruhe finden mögten. Aber, warum eben in dieser Kirche? Warum nicht in einer andern Kirche zu Nürnberg? Der Burggrav Conrad war von Geburt ein Schwab. Die Grabstätte seiner Aeltern und Vorältern waren von ihm zu weit entfernet. Er konnte an die Seiten seiner nächsten Freunde nicht begraben werden. Er muste sich ein anders Begrabniß erwählen. Er muste sich also an die Seite der Freunde seiner Gemalin begraben lassen. Wer war aber seine Gemalin von Geburt? Die Frau Burggrävin liesse sich auch, wie aus ihrer Stiftung erhellet, in das Egidienkloster begraben. Folglich müssen ihre Freunde daselbst begraben liegen. Wer waren diese? Die oft angezogene Urkunde K. Heinrichs vom Jahr 1225. nennet die Personen, welche an das Egidienkloster Schenkungen gethan haben und die also auch müssen daselbst begraben liegen. In dieser Urkunde kommen sonst keine Personen vom hohen Adel vor, (von dergleichen der Burggrav Conrad I. und seine Gemalin waren,) als zwei Burggraven Gottfriede, nebst ihren zweien Söhnen. Denn diese waren gewiß vom hohen Adel. Die burggrävliche Würde wurde an niemand als an Personen vom hohen Adel oder die gräflichen Standes waren, damals verliehen. Ich sage, in obiger Urkunde ist von zweyen Gottfrieden die Rede. Schon im Jahr 1105 ist ein Burggrav Gottfried bekannt. Im Jahr 1160. kommt wieder ein Gottfried zum Vorschein und dies zum lezten mal. Schwerlich wird jener Burggrav bis auf das Jahr 1160. gelebet haben. Er müste sonst über 100. Jahr alt geworden seyn. Darnach ist nicht glaublich, daß er wird an das Kloster zweimal Schenkungen gethan haben. Man that dies nur einmal. Folglich ist gewiß von zwien Gottfrieden die Rede. Ein Burggrav Gottfried siehet zwar dem Burggraven Conraden nach. Es scheinet also, als wenn er später als

E 2 dieser

dieser gelebet hätte.   Es kommt aber dies daher, weil dem Notario die Urkunden sind nicht in der Ordnung vorgeleget worden.   Wie man sie ihm vorlegte: so brachte er sie in den königlichen Bestättigungsbrief.   Man findet auch nicht das geringste von einem Burggraven Gottfried zu und nach den Zeiten des Burggravs Conrad I. Ganz gewiß liegen die beiden Gottfriede nebst ihren Söhnen in dem Egidienkloster begraben.   Aber warum nicht auch ihre Gemalinnen? Sie liegen gewiß nicht in diesem Kloster begraben; weil ihrer in obigen Bestättigungsbrief nicht gedacht wird. Die Töchter liessen sich gar zu gern bei ihren Aeltern begraben; wenn sie nicht zu weit von ihnen entfernet waren.   Ganz gewiß liegen jene beiden Burggrävinnen bei ihren Aeltern begraben.   Die Gemalin des lezten Burggravens Gottfried war ohn, fehlbar eine Tochter oder eine Schwester eines Gravens von Höchstatt, welcher das Kloster Mönchaurach gestiftet hat.   Ohnfehlbar lieget sie auch in diesem Kloster be, graben.   Die Gemalin des Burggravens Conrad, Hildegard, lässet sich zu ihrem Vater Gottfried begraben.   Vermuthlich geschahe es deswegen, weil auch ihr Ge, mal wolte daselbst begraben seyn.   Vielleicht hatte sie auch ein besonders Vertrauen zu dem heiligen Egidio und zu dem Egidienkloster in Nürnberg.   Da sie aber an dies Kloster Stiftungen von liegenden Gütern that: so muste sie selbige in der Mühe haben.   Sie mußten ihr eigenthümlich zugehören.   Ohnfehlbar mußte sie selbige geerbet haben.   Wahrscheinlicher Weise muß sie selbige von ihrem Vater dem Burggraven Gottfried geerbet haben.   Auch ihr Gemal der Burggrav Cón, rad muß Güter auf die Weise geerbet haben.   Es sind dies freilich nur Muth, maßungen.   Aber diese Muthmaßungen werden den größten Grad der Wahr, scheinlichkeit erreichen, wenn wir folgenden Umstand in Betrachtung ziehen.   Un, ter den Gütern, welche der ältere Burggrav Gottfried an das Egidienkloster in Nürnberg geschenket, befindet sich Meckenloh.   In diesem Ort schenkte er einige Hufen Landes an gedachtes Kloster.   Dieses Meckenloh kam nachgehends in den Besiz der Herren Burggraven Zollerischen Stamms.   Diese angenehme Nachricht haben wir dem sel. Pastor Würfel zu danken.   Er hat uns in dem ersten Band der historischen, genealogischen und diplomatischen Nachrichten zur Erläuterung der Nürnbergischen Stadt, und Adelsgeschichte S. 354. diese Nach, richt aus einer sichern Urkunde mitgetheilet : Otto Haiden wurden a. 1404. h vor sant Georgen tag von Hrn (Herrn) Burggrav zu Nürnberg auf ein Leib, geding etliche Güter um ein ansehnlich Geld verseret, nemlich der Markt v. (und) Amt zu Schwant, Sperbersloh, Lehrstätten, Regniz, Farnbach, Hembach, Mecken, lohe, Schnitling, Fürt, Höfles, das Hochhorn auf den Wäldern zu Herolts, berg, zweyen Gescheiden, zu Berbach, Wezendorf, Fronhof, Krastshof, Höfles, Dennenlohe, die Mühle zu Bruck, Eltersdorf, die Gült zu Stetenberg samt noch mehrern -- Darüber leisteten Bürgschaft Ehrenfried von Seckendorf Hofmeister, Wurich von Trewtlingen, Arnold von Seckendorf genannt Aberthar, Burck, hard

hard von Wilhelmsdorf, Friederich Schrenck Landschreiber, Hannß Dörrer Burger zu Nürnberg. Hier finden wir das Dorf Meckenloh, von welchen der Burggrav Gottfried an das Egidienkloster eine Stiftung gethan, unter der Botmäßigkeit der Herren Burggraven Zollerischen Stamms. In dem Bestättigungsbrief des K. Heinrichs stehet zwar Meckenloch. Hier stehet Meckenloh. Aber die Worte loh und loch haben einerlei Bedeutung. Beide bedeuten so viel als ein Wald. So schrieb man ehehin Dännenloh und auch Dännenloch. (3) Aber, wie sind unsere Herren Burggraven zum Besiz ienes Dorfs gekommen? Es war kein Reichslehen. Denn es wird sein in den kaiserlichen Lehenbriefen nicht gedacht. Folglich war es ein Eigenthum. Wie kamen sie aber dazu? Durch Kauf wol nicht. Denn es findet sich hievon nicht die mindeste Spur. Sie müssen also vor undenklichen Jahren zum Besiz dieses Orts gelanget seyn. Dies kan nicht anders, als durch Heirath geschehen seyn. Da nun der Burggrav Gottfried (4) ehehin diesen Ort besessen: so ist höchstwahrscheinlich, daß der Burggrav Conrad seine Tochter geheirathet hat und daß dadurch dieser Ort an das Zollerische Hauß gekommen ist. Eben daher mögen auch die andern ansehnlichen Allodialgüter rühren, welche die Herren Burggraven ehehin in dem Nürnbergischen besessen haben. Im Jahr 1265. verkaufte der Burggrav Conrad seine Gütter, welche er zu Endenberg besessen, ingleichen die Neugereuth, das Lehen zu Beurling, das Neugereuth zu Weiersberg, den Schuz über ein Lehen zu Gerhardsburg, den Schuz zu Oberhaidelbach und andere mehr an das Kloster Engelthal. Er that dies mit Einwilligung seines Bruders Friederich und seiner Schwester ; wie der berühmte Herr M. Martini in der Geschichte des Klosters Engelthal S. 19. und Herr Würfel am angezogenen Orte S. 469. uns dies berichtet. Warum durfte der Burggrav Conrad seine Gütter nicht ohne Vorwissen und ohne Einwilligung seiner Geschwisterte verkaufen? Es ist dies der deutlichste Beweiß, daß er sie nicht erkauft und auch nicht erheirathet hat. Sonst hätte er ja damit frei schalten und walten können, ohne deswegen seine Geschwisterte zu fragen. Diese Gütter müssen also Erb- und Stammgütter gewesen seyn. Sie müssen von der väterlichen Verlassenschaft hergerühret haben. Sie werden dem Burggraven Conrad zu seinem Unterhalt angewiesen worden seyn. Wie gelangte aber ihr Vater, oder vielmehr ihr Grosvater zu diesen Güttern? Ohnfehlbar durch Erbschaft. Ohnfehlbar rührten sie von dem Burggraven Gottfried her. Eben dieser Burggrav Conrad verkaufte im Jahr 1264. ein anders eigenthümliches Gut. Denn so berichtet uns Würfel am angezogenen Orte S. 87. Anno 1264. Herr Burggrav Conrad zu Nürnberg verkauft Heinrich Ros zu Hohenkirchen ae-

E 3　　　　　　　　　　　　　　　　　　　　　　　　　　　sessen

(3) Das ist der Dannenwald.

(4) Vielleicht rühret auch der Burggravenhof bei St. Jacob in Nürnberg, worinn der Conradus Pius seinen Siz gehabt, von dem Burggraven Gottfried her.

seſſen ein Gut zu Puckerling. (Peuerling) Teſtes: Walter Schenk von Klingen-
burg. Bertold von der Tann. Heinrich von Hartungsberg. Leupold von Schön-
berg. Gottfried von Linden. Marquard von Pirkenſee. Conrad der Stromer.
Ohnfehlbar gehörte dies Gut zu den obigen Erbgütern.   Solche eigenthümliche
Güter hatten die Herren Burggraven in und in der Nähe der Stadt Nürnberg
mehrere.   So hatte Ludwig Rindsmaul einen Hof in der Stadt Nürnberg, welchen er im Jahr 1375. an Heinrich von Wildenſtein Burgmannen zum Rotenberg
um 200. Pf. Haller verkaufte.   Dieſer Hof war ein burggrävlich Lehen, wie der ſel.
Würfel am angezogenen Orte im zweiten Bande S. 80, berichtet.   Dieſer Hof
muß ein Eigenthum der Herren Burggraven und kein Reichsgut geweſen ſeyn.   So
ſtehet das neue Spital zu Nürnberg auf einer Wieſe, welche vormals den Herren
Burggraven eigenthümlich zugeſtanden hat.   Den Beweiß hierüber findet man bey
dem ſeel. Würfel am angezogenen Orte im erſten Band S. 294.   Der Chunrad Groß
hatte dieſe Wieſe von den Herren Burggraven zu Lehen.   Der Herr Burggrav Friederich eignete aber im Jahr 1331. dieſe Wieſe und der Herr Burggrav Johann
wiederholete dies im Jahr 1334.   Dieſe Wieſe gehörete nicht zu den Reichslehen.
Die Herren Burggraven hätten ſie ſonſt nicht eignen können.   Aber noch mehr.
Marquard Mendel ſtiftet in Nürnberg das Carthauſerkloſter.   Der Plaz, auf welchen das Kloſter ſollte erbauet werden, war ein burgrävliches Lehen.   Auf Vorbitte
Hannſen und Jacob der Waldſtromer eignete der Herr Burggrav Friederich dieſen Plaz und begab ſich der Lehenſchaft.   Dieſer Plaz aber lag in der Vorſtadt auf
dem Graben zwiſchen St. Clarenkloſter und der deutſchen Brüderkirche bei St. Jacob; wie Joh. ab Indagine in der Beſchreibung der Stadt Nürnberg S. 508. berichtet.   Das Kloſter zu St. Catharina kaufte im Jahr 1311. einen ſchönen und
groſſen Garten von dem reichen Weigel.   Dieſer war auch ein burggrävliches Lehen.
Die Herren Burggraven Conrad und Friederich lieſſen aber die Lehenſchaft nach,
wie Würfel im erſten Band S. 402. berichtet.   Dieſer Garten muß ein Erbgut der
beiden Herren Burggraven geweſen ſeyn.   Der Burggrav Conrad iſt der Conradus
Pius.   Der andere iſt Friederich III. ſonſt der vierte genannt.   Dieſer Garten war
alſo gemeinſchaftlich.   Nothwendig muß er ein Erb- oder ein Stammgut geweſen
ſeyn.   Beide Herren hatten nicht einen Vater.   Sie waren Vettern.   Folglich muß
jener Garten von ihren Vorältern berühren.   Woher ſollen nun alle dieſe Allodialgüter der Herren Burgraven Zolleriſchen Stammes gekommen ſeyn? Gekauft haben ſie ſelbige nicht.   Zu Lehen hatten ſie ſelbige vom Kaiſer, oder ſonſt von einem
Herrn auch nicht.   Sonſt hätten ſie nicht ſo frei damit ſchalten und walten können.
Sie müſſen alſo ſelbige geerbet haben.   Aber, können ſie ſelbige anders als durch eine Heirath bekommen haben?

   Jezt fället mir noch ein merkwürdiger Ort ein, welcher ohnfehlbar von dieſer
Erbſchaft herrühret.   Es iſt dieß die heutige Kurbairiſche Veſtung Rotenberg, wel-

che-

che nur etliche Stunden von Nürnberg entfernet ist. Dieser Ort war vormals ein Burggräuliches Eigenthum. Die Ritterschaftliche Familie von Wildenstein besaß selbigen als ein Lehen von den Herren Burggraven in Nürnberg bis in das vierzehente Jahrhundert. Um diese Zeit verkauften sie diesen Ort an den Kaiser Carl IV. Dieser Herr suchte auf alle Weise seinen Böhmischen Lehenhof zu vergrössern. Ja nicht nur den Böhmischen Lehenhof suchte er zu vergrössern. Er suchte von Nürnberg an bis Böhmen ein Territorium, oder ein eigenes Land, und dadurch einen sichern Schlupfwinkel nach Böhmen zu bekommen. (5) Deswegen bemühete er sich alle Landschaften, welche zwischen Nürnberg und Böhmen lagen, aufzukaufen. Deswegen vertrauete er auch die Verwahrung eines Thors an der kaiserlichen Burg in Nürnberg, einem gebohrnen Böhmen, nämlich den Hassen von Hassenburg. Aus dieser Ursache, kaufte er den Rotenberg, aber zum grossen Schaden des Burggravthums. Es geschahe dieß im Jahr 1360. Der Beweiß hierüber befindet sich in meiner Sammlung verschiedener Nachrichten aus allen Theilen der historischen Wissenschaften im zweiten Theil S. 89. Daselbst lieset man unter dem Jahr 1360. also:
Ich Heinrich von Wildenstein bekenne --- daß ich dem allerdurchlauchtigsten --- Carl, Römischen Kaisern --- --- mein Hauß genannt Rotenberg --- daß ich von demselben meinem Herrn, dem Kaiser als von einem Kunige zu Böheim zu Lehen gehabt habe, daß ich vormals und meine Eltern von dem edlen Herrn dem Burggraven von Nürnberg zu Lehen gehabt haben, von dem er dieselb Lehenschaft gekauft hat, nach Laut der Briefe, die sie Ihm darüber haben gegeben, mit allen dem das zu demselben gehöret, Leuten, Güttern --- umb 5080. Schock Bömischer Groschen --- der geben ist zu Prag 1360. an der Faßnacht.

Vorher aber, nämlich am nächsten Sonntage vor St. Pauls Bekehrungtag zu Plassenburg auf der Vesten verkauften die Herren Burggraven ihre Lehenschaft über die Veste und Hauß Rotenberg. Denn so stehet in meiner Historischen Sammlung am angezogenen Stück S. 98. weiters:

Wir

---

(5) Der Kaiser giebet zwar in einer Urkunde eine andere Ursache an; nämlich, vt quod ea ratione Regibus Bohemiae ad Curiam imperialem, quae in Nurenberg celebrari consuevit, accedendi securitas et opportunitas praebeatur. Aber, dieß war nur ein Vorwand oder eine Scheinursache. Die wahre Ursache ist oben angegeben worden. Daher hatten diese erkauften Gütter einen schlechten Bestand. Unter seinem Sohn dem Wenzel gieng alles wieder zu Trümmern. Es waren aber viele Orte, welche der Kaiser Carl um Nürnberg erkauffet hatte; als

Sulzbach, Rosenberg, Neidstein, Hartenstein, Hohenstein, Zilpoltstein, Lichteneck, Dierendorf, Frankenberg (bei Creusen) Auerbach, Herspruck, Lauf, Velden, Flech, Eschenbach, Pegnitz, Häuseck, Werdenstein, die Vesten und Gehöre Hirssau, Neuenstadt, Sturmstein und Lichtenstein, Pletschenstein, Reichenstein, Reifeneck, Lemfeck, Strablenfels, Spieß und Ruprechtstein; wie in des Herrn von Pistorius Amoenitat. Hist. Iurid. 3. Theil S. 676. zu sehen ist.

Wir Albrecht und Friederich von Gottes Gnaden Burggraven zu Nürn‐
berg -- thun kund, daß wir dem --- Carl Röm. Kaiser --- verkauft haben
Ihme als einem König zu Böheim die Lehenschaft der Vesten und des
Bergs zu dem Rotenberge, als dieselben Vesten und Bergk, unser lieber
getreuer Heinrich der Wildensteiner genannt von Rottenberg, von uns
und unser Herrschaft zu Nürnberg zu Lehen gehabt hat um 3000. guter schwerer
Gulden --- ---
Die Herren Burggraven verkauften also ihre Lehenschaft über das Schloß Roten‐
berg an den Kaiser Carl, als König in Böhmen --- Der Heinrich von Wilden‐
stein trug alsdenn dieß Schloß dem Kaiser Carl als König in Böhmen zu Lehen auf.
Endlich verkaufte er auch das Eigenthum an diesen Herrn. Der Kaiser bekennet
dieß selbst in einer Urkunde in dem ersten Band meiner Historischen Sammlung,
alwo er S. 260. also saget:
Wir Carl --- gekauft haben. Von Heinrichen von Wiltenstein --- --- sein
Hauß genannt Rotenberg, das von uns als einem König zu Böhmen zu
Lehen rühret und vormals von dem edlen Burggraffen von Nürnberg ---
zu Lehen gerührt hat, von dem Wir dieselb Lehenschaft gekauft haben --- ---
Geben zu Prag 1360. an dem Faßnachttag ---
Nun fraget sich: wie nach die Herren Burggraven zu dem Schloß Rotenberg
gekommen sind? Die Ritter von Wildenstein hatten es von ihnen zu Lehen. Viel‐
leicht war es ein feudum oblatum? Dieß kann nicht seyn. Sonst hätten die Her‐
ren Burggraven für die Lehenschaft nicht 3000. Goldgulden bekommen. Es war
dieß damals eine grosse Summe Gelds, damit man eine ganze Herrschaft kauffen
konnte. Dieß Schloß machte auch ganz gewiß eine Herrschaft aus, obgleich die von
Wildenstein es nicht unter dem Tittel einer Herrschaft besassen. Man kann dieß
aus folgenden Umständen abnehmen. Einmal hatte dieses Schloß die hohe Juris‐
diction. Man darf nur des berühmten Herrn Geheimen Regierungs‐Rath Estors
kleine Schriften, und zwar das siebente Stück S. 486. aufsuchen, und daselbst
den Kaufbrief über das Hauß und Herrschaft Rotenberg vom Jahr 1478. lesen:
so wird man davon überzeuget werden. Man lese die folgenden Urkunden S. 510.
521. so wird man dadurch noch mehr überzeuget werden. Sodann gehöreten zu die‐
sem Schloß noch mehrere Ortschaften. Man suche nur des Herrn Geheimen Re‐
gierungs‐Rath Estors erst angezogenes Buch S. 507. auf: so wird man daselbst
weiter finden: Verzeichnüß der Schloß, Stadt, Marktflecken, Siz, Dörfer ---
welche in der Rotenbergischen Hochfraißlichen Territorio und Obrigkeit begriffen
und gelegen seyn. Darunter befindet sich unter andern das Dorf Ottensoß oder
Ottensaß, welches nicht weit von dem Rotenberg entfernet ist: wie man in dem erst
angezogenem Buch S. 510. sehen kann. Dieses Ottensaß hatten vormals Ministe‐
riales oder Homines militaris conditionis im Besiz. Man kann dieß aus einer
Urkunde

Urkunde abnehmen, welche der selige Würfel in den Hiſtoriſchen Nachrichten zur Erläuterung der Nürnbergiſchen Stadt- und Adelsgeſchichte herausgegeben, und zwar in dem zweiten Band S. 949. allwo man unter dem Jahr 1254. alſo lieſet:

Ego *Hilteboldus* de *Rotenberge* --- duxi proferendum quod Conrado dicto de Rot, ciué Norimbergenſi curiam ſitam in Riſtelbach, quam a me iure feodario posſedit --- mihi libere reſignante --- proprietatem eius curiae ſororibus ordinis St. Mariae Magdalenae --- in Nurenberc --- de conſenſu et bona voluntate Eliſabeth coniugis meae in animarum noſtrarum remedium libere condonaui --- Cuius rei teſtes ſunt, Walterus Pincerna de Clingenberg, Poppo de *Henfenfeld*, Gebehardus de *Henfenfeld*, Eckenpertus de *Henfenfeld*, Hinricus de *Stralenvels*, (1) Leupoldus de *Rehperch*, Friedericus de *Otenſaze*, Engelhardus de *Hittenpach*, *Heinricus Scultetus* de Nurenberg, Conradus *Onoltſpeker* (2) Acta ſunt haec MCCLIIII.

Hier kommet ein Friedericus de Otenſaze zum Vorſchein. Die Worte Saß, Saz und Siz haben einerlei Bedeutung. Und nach der Nürnbergiſchen und Baieriſchen Mundart, ſaget man Sos. Ottenſos bedeutet eigentlich einen Siz oder Hauß, welches ſich ein gewiſſer Otto in ſelbiger Gegend erbauet hat. Wer war aber der Friedericus de Otterſfos nach ſeinem Stand? War er vom gemeinen Stand? Da er dem Sculteto de Nurenbere vorſtehet: ſo kann er nicht vom gemeinen Stand geweſen ſeyn. Der Schultheiß von Nürnberg war vom Militärſtande. Folglich muß der Friedericus von Ottenſos vom gleichen Stande geweſen ſeyn. Dieſer Mann muß nun einen Herrn gehabt haben. Und wer war dieſer Herr? Ganz gewiß waren die Herren Burggraven von Nürnberg ſeine Herren. Ganz gewiß gehörete er zur Herrſchaft Rotenberg. Wenn man alle Umſtände zuſammen nimmt: ſo kann man hieran nicht zweiflen. Alſo war der Rotenberg kein gemeines Caſtrum. Die Herren Burggraven würden vom Kaiſer wohl nicht ſo viel bekommen haben, wenn es keine Herrſchaft ausgemachet hätte, und wenn ſie nicht ihr Eigenthum geweſen wäre. Es war alſo das Schloß Rotenberg ein feudum datum, oder die von Wildenſtein hatten es von den Herren Burggraven zu Lehen bekommen, und dafür ſie Kriegs-Burg- oder andere Dienſte thun mußten. Aber, wienach ſind die Herren Burggraven zu dieſem Schloß gekommen? Nicht nur der Heinrich von Wildenſtein hatte dieß Schloß von den Herren Burggraven zu Lehen. Auch ſeine Aeltern beſaſſen es ſchon von ihnen als ein Lehen. Dadurch werden die Vorältern verſtanden. Ja der vormalige Pro-

F   feſſor

(1) Dieſ Strahlenfelß kam nachgebends an die Familie von Wildenſtein. Vermuthlich war der Henricus de Strahlenfels auch aus dem Wildenſteiniſchen Hauſe.

(2) Onoldspeker iſt ſo viel als Onoldsbacher.

Er zog von Onoldsbach nach Nürnberg. Das ſelbſt wurde er der Onoldsbacher genennet. Denn von dem Geburtsort entſtunden die meiſten Zunamen.

fessor zu Altdorf Daniel Wilhelm Moller, berichtet in der Disp. acad. de castro Rotemberg §. 6. daß schon im Jahr 1254. ein Hilpold von Rotemberg, diesen Ort im Besiz gehabt habe. Dieß ist nun derjenige, welcher die obenangezogene Urkunde ausfertigen lassen. Das daran haugende Siegel, oder vielmehr das Wappenbild, ist nach dem Zeugniß des seligen Würfels mit dem Wappenbild derer von Wildenstein einerlei. Wir dürfen diesem Zeugniß trauen; weil dieser Geschichtschreiber das Original der Urkunde in Händen gehabt hat. Also war er von der Wildensteinischen Familie. Dieser Hilpold wird aber den Rotenberg nicht im Jahr 1254. da obige Urkunde ausgefertiget worden, erst zu Lehen bekommen haben. Er wird ihn ehender von den Herren Burggraven, als ein Lehen empfangen haben. Ja seine Aeltern und seine Vorältern werden schon damit belieben gewesen seyn --- Aber, wenn und wienach sind die Herren Burggraven zum Besiz des Rotenbergs gekommen? Da in den Burggrävlichen Archiven nicht die mindeste Nachricht zu finden ist, wienach die Herren Burggraven zum Besiz des Schlosses Rotenberg gekommen sind: so ist dieß ein Beweiß, daß sie es vor undenklichen Jahren überkommen haben. Aber, auf was für einem Weg sind sie darzu gelanget? Als ein Lehen haben sie selbiges nicht bekommen. Denn sonst hätten sie es, ohne Einwilligung des Lehenherrn, nicht verkaufen können. Es war also kein Reichslehen oder sonst ein Lehen eines weltlichen Herrn. Es war auch kein bischöfliches Lehen. Alle Umstände geben es, daß dieß ein Eigenthum der Herren Burggraven war. Nun sind noch zwei Wege übrig, auf welchen sie zum Besiz dieses Schlosses gelangen können. Entweder haben sie es erkaufet, oder sie haben es geerbet. Das erste scheinet mir nicht wahrscheinlich zu seyn. Denn man findet nicht die mindeste Spur davon. Von andern Herrschaften und Ortschaften, welche die Herren erkaufet, darüber haben wir die schriftliche Beweise. Man hat sie sorgfältig verwahret und hatte in jenen wunderlichen Zeiten hohe Ursache dergleichen Briefe wol zu verwahren. Aber über das Schloß Rotenberg hat man nichts aufzuweisen. Also bleibet blos der Weg der Erbschaft übrig. Alle Umstände geben es, daß die Herren Burggraven Zollerischen Stammes, durch eine Erbschaft dieses Schloß überkommen haben. Da man aber nicht weiß, wenn und zu welcher Zeit dieß geschehen ist: so folget, daß es müsse vor undenklichen Jahren geschehen seyn. Aber, auf was für einen Weg haben sie es geerbet? Ganz gewiß durch eine Heirath. Durch welche Person aber? Ohnfehlbar durch die Tochter des leztern Burggravens Gottfried. Wäre die Acquisition des Schlosses Rotenberg in den spätern Zeiten geschehen: so würde man gewiß eine Nachricht davon haben. Und vielleicht war dieß Rotenberg das Stammhauß des Burggravens Gottfried. Zum wenigsten war er in der Nähe begütert. Doch könnte er auch an einem entfernten Orte zu Hause gewesen seyn. Er könnte auch auf eben dem Weg, als der Graf Conrad von Zollern, zum Burggravthum Nürnberg gelanget seyn. Ich vermuthe dieß daher, weil er von dem Stift Fulda Lehen hatte.

Denn

Denn der Godefridus Comes Vrbis de Nurenberc stehet in **Koppens Lehenpro**ben im zweiten Theil S. 5. ausdrücklich mit unter den Vasallen jenes Stifts. Es veroffenbaret sich hieraus, wie sehr die Reichsritterschaftlichen Schriftsteller im Finstern tappen, wenn sie das ganze Vermögen der Herren Burggraven von der meranischen Erbschaft herleiten und dabei weiter vorgeben, es habe vormals alles der Ritterschaft zugestanden. Ein grosser Irrthum! Der aber auch eine grosse Unwissenheit verräth. Aber, so gehet es, wenn ein Blinder sich von einem Blinden den Weg zeigen lässet

Jezt muß ich wieder an die burggräfliche Hofcapelle gedenken. Auch diese wird den Weg anzeigen, auf welchen das gräflich Zollerische Hauß zum Burggravthum Nürnberg gelanget ist. Und da muß ich vor allen Dingen fragen: aus was für Ursachen die Herren Burggraven eine Hofcapelle nöthig hatten? Es gab in Nürnberg verschiedene Capellen. Ich sage Capellen. Denn Pfarrkirchen waren damals in Nürnberg nicht. Die Seite der Stadt Nürnberg, welche jenseits der Pegniz lag, war nach Poppenreuth gepfarret, und die andere Seite nach Fürth. Aber doch hatte Nürnberg verschiedene Capellen. Die Herren Burggraven hatten nicht weit in die Sebalder und in die Egidien Kirche zu gehen. Ueber dieß halten sie die kaiserliche Hofcapelle noch näher. Und doch liessen sie sich eine eigene Capelle bauen. Aber weswegen? In die Sebalder und in die Egidien Kirche zu gehen, dieß war ihnen zu beschwerlich. Sie mußten allemal einen tiefen Berg hinab, und ihn wieder hinauf steigen. Es mußte dieß allemal zu Fusse geschehen. Denn fahren konnte man damals diesen Weg oder Berg nicht. Wollte man fahren: so mußte man durch das Thor an dem kaiserlichen Schloß hinaus, und durch ein anderes Thor hinein fahren. Dieß war ein Umweg. Aber dieß war auch unbequem. Die kaiserliche Hofcapelle lag zwar den Herren Burggraven ganz nahe. Es war aber kein beständiger Geistlicher an derselben. Es wurde also nicht beständig eine Messe darinnen gelesen. Nur alsdenn geschahe dieses, wenn die Kaiser gegenwärtig waren. Bei so gestalten Sachen mußten die Herren Burggraven um eine eigene Capelle besorgt seyn. Das gute Werk, welches man durch die Erbauung einer Capelle thate, die Vergebung der Sünden und der Himmel, welchen man dadurch zu erhalten hofte, diese Dinge mögen die andern Bewegungsgründe gewesen seyn, warum die Herren Burggraven sich eine eigene Capelle erbauen lassen. Dieß war auch leicht geschehen. Ein ieder, auch ganz gemeine Personen, durften mit Einwilligung des Bischofs, in dessen Diöces man gehörte, Capellen erbauen. Man findet daher Exempel, daß gemeine Personen aus ihren Häusern Capellen erbauen und die Gütter oder Felder und Wiesen dabei liessen, welche dazu gehörten; damit der Gottesdienst oder die Messen konnten darinnen gehalten werden, und damit der Prister, der dies that, seinen Unterhalt oder Lohn hätte. Daher sind die meisten Capellen in den Städten und sonst entstanden.

Den

Den Herren Burggraven war es also um so leichter, eine eigene Capelle zu überkommen. Sie musten selbige aus ihren eigenen Mitteln bauen laßen. Sie musten
auch selbige mit einem Widem oder mit liegenden Güttern versehen, daß davon ein
Geistlicher oder ein Capellan leben konnte. Denn ohne einen solchen Widem durfte
keine Capelle erbauet werden. Er muste auch aus liegenden Güttern und nicht in
Geld bestehen. Es gab damals nicht viel Geld. Ueber dies war das Geld nicht so
sicher angeleget, als es die liegenden Gütter waren. Aber durch wen lieffen die Herren Burggraven ihre Capelle versehen? Durch ihre Notarios. Diese waren zugleich
Hofcapelläne. Denn weil niemand schreiben konnte als die Clerici, und weil niemand die lateinische Sprache verstunde, als diese: so waren sie die Secretarii oder
die Schreiber der Herren, und ihre Hofcapelläne zugleich. Die burggrävliche Hofcapelle hatte auch einen Widem oder Gütter, wie obige Urkunde bezenget. Dies
waren aber keine Reichsgütter, oder Reichslehen. Dies waren eigenthümliche Gütter. Diese Gütter, als Zehenden, Gärten und dergleichen lagen in der Nähe. Also
musten sie von einem Herrn darzu gewidmet worden seyn, der daselbst begüttert war.
Es ist auch höchstwahrscheinlich, daß an dem Plaz, wo die burggrävliche Hofcapelle
erbauet worden, vorher ein Hauß gestanden seye, und daß dazu jene Gärten und andere Gütter gehöret, und daß die Herren Burggraven diese Gütter dabei gelaßen haben, als aus diesem Hauß eine Capelle errichtet wurde. Aber, wer hat diese Capelle erbauen laßen? Der Herr Burggrav Friederich hat diese Capelle nicht bauen laß-
sen. Er hat sie von seinen Antecessoribus bekommen. Also hat sie sein Vater Friederich auch nicht erbauen laßen. Wäre dieses geschehen: so hätte er das Wort Antecessores nicht können setzen laßen. Also hat sie sein Grosvater der Burggrav
Conrad, der erste Burggrav aus dem Zollerischen Hause, auch nicht bauen laßen.
Nicht seine Vorältern, sondern die Vorfahren haben sie bauen laßen. Aber doch
müßen diese Antecessores Freunde von dem Zollerischen Hause gewesen seyn, oder
das Zollerische Hauß muß mit ihnen genau verwand gewesen seyn? Ganz gewiß.
Wie denn auch unter dem Wort Antecessores, gar oft die Vorältern verstanden
werden. Sonst hätte ja diese Capelle nicht auf die Herren Burggraven Zollerischen
Stammes kommen können. Aber wer waren die Antecessores der Herren Burggraven Zollerischen Stammes, welche diese Capelle erbauen laßen? Nicht die Graven von Abenberg waren diese. Auch die Herzogen von Meran nicht. Denn was
solten diese Herren mit einer Capelle zu Nürnberg thun? Sie hatten ja daselbst keine
beständige Wohnung. Was solten sie noch dazu an einem so unbequemen Ort mit
einer Capelle thun? Sie hätten sich selbige gewiß an einem bequemern Ort bauen laß-
sen. Diese Capelle hat ein Herr bauen laßen, der nicht weit in selbige zu gehen hatte, und der in der Nähe wohnete. Wer war aber dieser Capelle näher, als die Herren Burggraven? Denn von dem burggrävlichen Schloß bis zu dieser Capelle sind
wenig Schritte. Nothwendig haben sie die Burggraven, die ihre Residenz dabey

hatten, dahin bauen laſſen. Wer kan aber dies anders ſeyn, als der Burggrav
Gottfried, oder ſeine Vorältern. Zwar ſaget die Hiſtoriſche Nachricht von
Nürnberg und aus derſelben der Herr Conſulent von Wölkern in der Hiſt. Norimb.
Diplom. im Vorbericht S. 79. in der Anmerkung, daß der Kaiſer Conrad I. die
Ottmars Capelle, und dieß iſt die Burggräfliche Capelle, erbauet habe. Es kann
aber dieß nicht geſchehen ſeyn. Denn in jenem Fall hätten die Herren Burggraven
dieſe Capelle nebſt dem Burggräflichen Schloß zu Lehen bekommen müſſen. Da
dieß nun nicht geſchehen iſt: ſo iſt ganz gewiß, daß die Burggräfliche Hofcapelle nicht
von einem Kaiſer erbauet worden. Ueberdieß hätten die Herren Burggraven jene Capelle ohne Vorwiſſen des Kaiſers nicht verſchenken können. (3) Nur der Biſchof in
Bamberg hat im Jahr 1168. dieſe Schenkung beſtättiget. Er that dieß als Dioece-
ſanus. Denn der Theil der Stadt Nürnberg, wo die Burggräfliche Hofcapelle lieget, gehörete zur Bambergiſchen Diöces. Alſo mußte der Biſchof zu dieſer Schenkung nothwendig ſeine Einwilligung geben und ſie beſtättigen. Ganz gewiß hat die
Nürnbergiſche Nachricht die Burggräfliche Hofcapelle, und die Kaiſerliche Hofcapelle
mit einander verwechſelt. — — — Ohnfehlbar hatte der erſte Burggrav Conrad aus
dem Zolleriſchen Hauſe eine Tochter von dieſem Burggraven Gottfried zur Gemahlin.
Der Burggrav Conrad aus dem Zolleriſchen Hauſe war der unmittelbare Nachfolger des Burggravens Gottfried. Da die Hofcapelle auf ihn gekommen iſt: ſo muß
er mit dieſem Gottfried verwand geweſen ſeyn. Sonſt iſt keine Urſach zu finden,
wienach dieſe Hofcapelle hätte auf ihn und auf ſeine Nachkommenſchaft gelangen können.
Sie kam nicht Iure feudi an ſie. Iure hereditatis erhielten ſie ſelbige. Die Hof-
capellen gehöreten zu den Allodien. Sie gehöreten deswegen dazu, weil ſie von eigenthümlichen Vermögen erbauet und mit eigenthümlichen Gütern verſehen wurden.
Daher hatten die Herren Burggraven das Ius Patronatus über dieſelbe. Die An-
teceſſores des Herrn Burggravens Friederich mußten das Ius Patronatus über dieſe
Capelle auch haben. Aber, wie bekamen ſie ſelbiges? Ordentlicher Weiſe hatte ein
jeder Biſchof das Ius Patronatus über alle Pfarrkirchen und Capellen in ſeinem Spren-
gel.

---

(3) Der Herr von Falkenſtein behauptet aus
dieſer Verſchenkung der Burggräflichen Hofcapelle in der Beſchreibung der Stadt Nürnberg,
welche er unter dem Namen Iohannes ab Indagine herausgegeben, S. 310. das Burggravthum müſſe damals ſchon erblich geweſen ſeyn;
weil der Burggrav Friederich hätte dieſe Capelle
ohne Vorwiſſen des Kaiſers, ſonſt nicht verſchenken können. Und in der Anmerkung K. ſchreibet
er, daß wenn dieſer Burggrav ein bloſſer, Kai-
ſerlicher Beamter geweſen wäre, er es ihm nicht
rathen wollen, wofern er ſich dergleichen un-
terfangen hätte — Freylich war das Burggravthum damals ſchon erblich, die Herren
Burggraven waren auch damals keine bloſe kaiſerliche Beamte mehr. Aber Falkenſtein hat
ſich geirret, wenn er die Beweiſe über dieſe
Wahrheiten aus der Verſchenkung der Burggrävlichen Hofcapelle nehmen wollen. Er hat
nicht bedacht, daß dieſe Capelle ein Allodium
geweſen iſt.

gel. Doch litte diese Regel eine Ausnahme. Wenn iemand eine Kirche oder eine
Capelle vom eigenen Vermögen bauete; alsdenn hatte der Stifter das Ius Patronatus. Die Capellen waren, wie alle andere Bona priuata, in Dominio fundatoris.
Die Capellen und das Ius Patronatus gehöreten also mit zu den Erbgüttern. Sie
kamen auf die Kinder. (4) Von diesen gelangten sie auf die nächsten Erben, männ-
lichen und weiblichen Geschlechts. Daher hatten auch die Antecesſores der Herren
Burggraven in Nürnberg das Ius Patronatus über ihre Hofcapelle. Dieß Ius Pa-
tronatus war nun erblich. Es gehörete, wie schon gedacht worden, zu den Allodien.
Daher konnte diese Capelle und das Ius Patronatus nicht anders, als durch das
Recht der Erbschaft auf die Herren Burggraven Zollerischen Stamms kommen.
Daher konnten sie selbige auch verschenken. Diese Capelle ist nicht von den Zollera-
nern erbauet worden. Ganz gewiß ist sie von dem Gottfried oder von seinen Vorältern erbauet worden. Sie kam mit der Zeit an die Herren Burggraven Zollerischen
Stamms. Aber, wie hat sie auf diese Herren kommen können? Nothwendig durch
das Recht der Erbschaft. Sonst war kein Weg dazu vorhanden. Folglich mus der
erste Burggrav aus dem Zollerischen Hause mit dem Burggraven Gottfried verwand
gewesen seyn, aber so nahe verwand gewesen seyn, daß er ihm in seinen Allodien allein
hat nachfolgen oder selbige erben können. Es ist wahr, die Allodien ausgestorbener
Familien fielen dem Kaiser und dem Reich heim, und wir haben in der Reichshistorie
hievon eine Menge Exempel. Die Familie des Burggravens Gottfried kann aber
mit ihm nicht ganz ausgestorben seyn. Wäre dieß würklich geschehen: so hätte die
Hofcapelle, und die andern Allodia an das Reich fallen müssen. Der Kaiser hätte
sodann sie dem ersten Burggraven aus dem Zollerischen Hause zu Lehen geben müssen,
wie er ihm das Buragrävliche Schloß zu Lehen gegeben hat. Man hat auch genug
Exempel, daß die Capellen, und die Kirchen, oder vielmehr das Ius Patronatus
über selbige sind den weltlichen Herren zu Lehen gegeben worden. Aber, so kam iene
Capelle nicht durch Lehen, sondern durch das Recht der Erbschaft an sie. Dieß saget
der Burggrav Friederich in dem Schenkungsbrief über diese Capelle deutlich. Er
bezeuget, daß diese Capelle nicht von dem Kaiser, sondern von seinen Vorfahren auf
ihn gekommen seye. Er bezeuget weiter, daß sie blos durch das Recht der Erbschaft
auf ihn gekommen seye; weil er sie verschenken können. Also kann die Familie des
Burggravens Gottfried mit ihm nicht ganz ausgestorben seyn. Also muß er nothwendig

---

(4) Hievon findet sich ein besonderes Exempel
in des Herrn Geheimen Rath von Jung Anti-
quitat. Wilzburg. pag. 23. allwo unter dem Jahr
1282. also stehet: Nos Cunradus et Hainricus
fratres dicti de Salach ad noritiam peruenire cu-
pimus — quod licet noster frater Vlricus, qui
se transtulit ad monasterium Wilzburg; ibidem

asſumens habitum monachalem pro haereditatis
ſuae parte ius patronatus Ecclefiae in Salbach cum
aliis bonis a nobis receperit et transtulerit in monasterium supra dictum — vt eandem donatio-
nem vellemus noſtro sigillo et litteris robora-
re — — nos ergo consentimus — —

wendig eine Tochter hinterlassen haben. Diese muß nothwendig mit dem Graven Conrad von Zollern vermählet gewesen seyn. Dazu kommt endlich noch das Burggrävliche Wappen. Das Burggravthum Nürnberg hatte eigentlich kein Wappen. Auch die Herzogthümer und Marggravschaften und alle andere Gravschaften hatten kein Wappen. Es gab damals kurz zu sagen, keine LandschaftsWappen. Ein jeder Herr brachte sein FamilienWappen in die Landschaft, in das Herzogthum, in das Burggravthum, welches ihm vom Kaiser zur Verwaltung anvertrauet worden. Sturb er und seine Familie ab; kam eine neue Familie zur Succession: so nahm diese das Wappen, den Helm und das Kleinod oder dessen Zierde, des vorigen Herrn nicht an. Wenigstens geschahe es selten. Und nur in dem Fall geschahe es, wenn er ein Recht dazu hatte. Der Schild, der Helm, und dessen Zierde gehörten zu den Allodien. Das Burggrävliche Nürnbergische Wappenbild bestehet in einem schwarzen Löwen, im goldenen Felde. Der Helm ist mit diesem Löwen gezieret. Dieß Wappen, nebst dem Helm und Kleinod, nahmen die Herren Graven von Zollern an, als die das Burggravthum Nürnberg überkamen. Dieß Burggravthum hatte eigentlich kein Wappen. Folglich muß dieß Wappen dem lezten Burggraven dem Gottfried zugestanden haben. Die Herren Burggraven Zollerischen Stammes nahmen dieß Wappen an. Sie müssen also ein Recht dazu gehabt haben. Aber, was für ein Recht konnten sie dazu haben? Kein anderes als das Recht der Erbschaft. Folglich müssen sie mit dem lezten Burggraven Gottfried, der unmittelbar vor ihnen her gieng, verwand gewesen seyn ---

Hiezu kommet noch dieser besondere Umstand. Alle Burggraven aus dem Zollerischen Hause, und wenn sie auch nicht wirklich regierende Burggraven waren, bedienten sich des alten Burggrävlichen Schildes oder dessen Bildes, nämlich des Löwens. Sie giengen damit, als mit einem eigenthümlichen Wappen um. So führete der Burggrav Conrad, der Bruder des Burggravens Friederich, welcher die Herzogin von Meran zur ersten Gemalin hatte, dieser führete im Siegel den alten Buragrävlichen Schild, und sein Bruder der wirklich regierende Buragrav, führete den Zollerischen Schild, davon der Beweiß in dem zweiten Versuch meiner Burggrävlichen Historie S. 464. anzutreffen ist. Dieß wäre nicht angegangen; der Burggrav Conrad hätte den Burggrävlichen Schild nicht führen können; wenn er nicht eigentlich der Burggrävliche gewesen wäre, und wenn er nicht wäre für ein FamilienWappen gehalten worden. Was folget hieraus? Das Burggrävliche Wappen muß ein FamilienWappen oder ein ererbtes Wappen gewesen seyn. Folglich hat ein Burggrav aus dem Zollerischen Hause so viel Recht daran gehabt als der andere. Aber, von wem haben sie es geerbet? Nothwendig von dem lezten Burggraven Gottfried; weil die Zolleraner diesem unmittelbar nachgefolget sind.

Nun

Nun habe ich mir die Bekanntschaft zu dem Weg gebahnet, auf welchen ein Herr Grav von Zollern mögte zu dem Burggravthum Nürnberg und zu denen in der Nähe gelegenen Allodial Güttern gelanget seyn. Es war also dieser Weg. Der Burggrav Gottfried ſturb um die Jahr 1158 bis 1160. In dieſem Jahr erſcheinet ein Burggrav Conrad. Daß er aus dem Hauſe Zollern geweſen ſeye, das beweiſe ich künftig handgreiflich. Jezt muß am erſten der Name Conrad in Betrachtung gezogen werden. Dieſer Name war in dem Zolleriſchen Hauſe vorher nicht bekannt. Auch der Name Friederich war nicht bekannt. Ohnfehlbar hat der Grav Conrad von Zollern nachmaliger Burggrav zu Nürnberg dieſen Namen von dem Kaiſer Conrad III. geerbet. Ohnfehlbar war dieſer Herr ſein Taufbath. Es iſt dieß erſtlich möglich. Er kann ſein Taufbath geweſen ſeyn. Dieſer Herr befande ſich von Zeit zu Zeit in Schwaben; wie dieß die Urkunden geben. Ja, er wird ſchon vorher, ehe er König geworden, oft in Schwaben geweſen ſeyn, und zwar zu der Zeit, da der Grav Conrad von Zollern gebohren worden. Im Jahr 1152. ſturb der Kaiſer Conrad, und um dieſe war unſer Burggraf Conrad gewiß lange gebohren. Denn im Jahr 1160. war er ſchon Burggrav. Es iſt auch höchſtwahrſcheinlich, daß der Kaiſer Conrad der Taufbath geweſen ſeye. Der Name Conrad wurde in dem Burggrävlich Nürnbergiſchen Hauſe beſonders heilig gehalten. Es lebten im 13. Jahrhundert drey Burggraven auf einmal, welche den Namen Conrad hatten. Es waren dieß der Conradus Senior und der Conradus Iunior, welche im Jahr 1259. den Ueberreſt der Herrſchaft Virnsberg kauften. Darnach lebte zu eben dieſer Zeit der Burggraf Conrad, ein Bruder des Burggravs Friederich, welcher eine Herzogin von Meran zur erſten Gemalin hatte; wie ich dieß in den Bayreuther wöchentlichen hiſtoriſchen Nachrichten auf das Jahr 1766. Seite 313. bereits dargethan habe. Der Name Conrad wurde in dem Burggrävlichen Hauſe bis in das vierzehente Jahrhundert fortgeführet. Es iſt dieß ein deutlicher Beweiß, daß dieſer Name in dem Burggrävlichen Hauſe beſonders hochgehalten worden iſt. Sollte er alſo nicht von einem vornehmen Herrn abſtammen? Und war damals ein vornehmerer Herr als der Kaiſer Conrad III. Und da er von Geburt ein Schwab geweſen, ſollte das Hauß Zollern mit dieſem Herrn nicht wol daran geweſen ſeyn? Es iſt wahr, man gab damals dem Kind insgemein den Namen desjenigen Heiligen, an deſſen Gedächtnißtag es gebohren worden. Wir haben auch in unſern Kalender einen Heiligen Namens Conrad, deſſen Gedächtnistag auf den 26. November fället. Es war dieß ein Grav von Altdorf in Schwaben aus dem Guelfiſchen Hauſe, der Biſchof in Coſtniz geworden, der ſein ganzes Vermögen auf Kirchen und Schulen verwendet, der dreymal nach Jeruſalem gereiſet, und der um dieſer guten Werke willen unter die Zahl der Heiligen verſetzet worden, nachdem er im Jahr 976. am 26. November

vember das zeitliche gesegnet hatte. Es war aber kein renommirter Heiliger, kein Heiliger vom ersten Rang. Dergleichen Ehre that man den Deutschen nicht an. Nur die auswärtigen Heiligen, und besonders diejenigen, welche den Martyrertod litten, nur diese wurden besonders erhoben. Unsere deutschen Heiligen aber wurden nur zu den Diis minorum gentium gezählet --- --- Es kann aber doch seyn, daß jener Heilige, weil er von Geburt ein Schwab war, bei den Schwaben ist in Ansehen gestanden, und daß der Kaiser Conrad III. seinen Namen von diesem Heiligen, der Burggrav Conrad aber ihn von diesem Herrn geerbet hat. Dieß lässet sich nun daher vermuthen, weil dieser Name in dem Burggrävlichen Hause ist so lange fortgeführet, und also dadurch besonders heilig gehalten worden. Vermuthlich hat man dieß den damals lebenden Kaisern aus dem Schwäbischen Hause zu Ehren gethan. Eben so mag auch der Burggrav Friederich, der Sohn des Burggraf Conrads I. seinen Namen von dem Kaiser Friederich I. geerbet haben und welcher Kaiserlich Hohenstaufische Name in dem Königlichen Preußischen und Brandenburgischen Hause nicht ohne besondere Schickung und vielleicht auch nicht ohne besondere zur Zeit unbekannte Bedeutung bis auf den heutigen Tag fortgeführet wird. Der junge Grav Conrad von Zollern mag also bei dem Kaiserlichen Hohenstaufischen Hause wol bekannt und wol empfohlen gewesen seyn --- Vielleicht ist er auch an dem Kaiserlichen Hofe mit erzogen worden. Denn es war damals gewöhnlich, daß die jungen Graven an die Kaiserlichen Höfe gethan und daselbst mit den Kaiserlichen Prinzen auferzogen worden sind. So lange der Kaiser Conrad III. lebte, konnte dieser Grav von jenen Herrn zu nichts befördert werden. Er war noch zu jung. Noch weniger konnte er Burggrav in Nürnberg werden. Es lebte damals der Burggrav Gottfried. Erst unter Kaiser Friederich I. konnte dieß geschehen. Es mag dieß also erfolget seyn. Die Schwäbischen Graven kamen mit dem Kaiser Conrad III. und mit seinem Nachfolger dem Kaiser Friederich I. sehr oft nach Nürnberg. Der junge Grav Conrad wird auch mit da gewesen seyn. Er wird daselbst mit der Tochter des Burggrafens Gottfried bekannt. Er vermälte sich mit ihr. Durch diese Vermälung erhält er seines Schwiegervatters Allodial Herrschaften und zugleich das Burggravthum Nürnberg. Denn die Graven und die Burggraven bekamen insgemein diejenigen Gravschaften und Burggravschaften zur Verwaltung, wo sie Allodialgüter hatten, und dieß aus leicht zu errathenden Ursachen --- --- Wenn man alle Umstände zusammen nimmet: so kann dieß nicht anders geschehen seyn. Ganz gewiß ist der Burggrav Gottfried ohne männliche Erben gestorben. Sonst hätte das Burggravthum Nürnberg nicht auf das Zollerische Hauß kommen können. Der Burggrav Gottfried stunde mit dem Kaiser Friederich I. in guten Vernehmen. Man kann dieß daher schliessen, weil dieser Kaiser in der

Kloster

Kloster Mönch-aurachischen Urkunde die Bitte dieses Burggravens nicht abschlä-get, und noch dazu verordnet, daß die Erben in der Advocatie über jenes Klo-ster nachfolgen sollten. Der Kaiser würde also seinem Sohn das Burggrav-thum nicht entzogen haben, wenn er einen gehabt hätte. Der Burggrav Con-rad aus dem Zollerischen Hause war der unmittelbare Nachfolger des Burg-gravens Gottfried. Da die Advocatie über das Kloster Mönchaurach auf diesen Burggraven Conrad gekommen ist: so folget nothwendig, daß dieser Herr mit dem Gottfried muß verwand gewesen seyn. Wie könnte er aber mit ihm anders in eine Verwandschaft gekommen seyn, als durch eine Heirath? Worinn aber kann diese Heirath anders bestanden seyn, als daß der Grav Conrad von Zollern sich mit der Tochter des Gottfrieds vermälet hat. Folg-lich muß die Hildegard, die Gemalin des Burggravs Conrad I. eine Tochter des Burggravens Gottfried gewesen seyn. In jener Advocatie mußten noth-wendig ein Freund oder ein Erbe des Burggravens Gottfried nachfolgen; wie dieß der Kaiser Friederich I. in obiger Urkunde bestimmet hatte. Da der Burggrav Conrad, der Nachfolger des Gottfrieds in der Advocatie über das Kloster Mönchaurach ist: so muß er auch sogleich der Nachfolger in dem Burg-gravthum und in seinen Allodien gewesen seyn. Was ich oben von der Burg-grävlichen Hofcapelle vorgetragen habe, das bestättiget meine Meinung noch mehr. Diese kam durch das Recht der Erbschaft an sie. Von niemand an-ders, als von dem Burggraven Gottfried kann sie durch das Recht der Erb-schaft, auf das Zollerische Hauß gekommen seyn. Und kein anderer Weg war da, zu dieser Erbschaft zu gelangen, als der Weg einer Vermälung mit der Tochter dieses Herrn. Dazu tritt noch das Burggrävliche Wappen. Dieß kann niemand als dem letzten Burggraven Gottfried gehöret haben. Da der Grav Conrad von Zollern seine Allodialgütter erbte: so erbte er auch seinen Schild, Helm und Kleinod. Sonst hätte er kein Recht zu diesen Wappen ge-habt. Und ich könnte mehr als ein Exempel anführen, daß die Herren die Wappen ihrer Schwiegervätter angenommen haben, wenn hier der Ort dazu wäre. Dazu kommet endlich noch dieses. Man giebet vor, der letze Burggrav in Nürnberg, Gottfried seye ein Grav von Robburg gewesen, mit ihm seye dieß Geschlecht ausgestorben, und seine einzige Tochter hätte sich mit dem Gra-ven Conrad von Zollern, nachmaligen Burggraven in Nürnberg, vermälet. Daß jener Burggrav aus dem Vohburgischen Geschlecht gewesen seye, das ist falsch. Eben so irrig ist, daß er der letze aus diesem Hauß gewesen seye. Denn es lebten noch lange darnach Graven von Vohburg. Und wäre der Gottfried aus dem Vohburgischen Hause gewesen: so wären die Graven von Vohburg in dem Burggravthum Nürnberg, und in seinen Allodien gewis nach-gefolget. Diese Tradition bestättiget nun meine Meinung. Der Burggrav
Gottfried

Gottfried hat eine einzige Tochter hinterlaſſen. Dieſe vermälte ſich an den Graven Conrad von Zollern. Dadurch kam dieſer Herr zum Beſiz des Burg-gravthums, und zu den Allodien in und um Nürnberg --- --- Sonſt war wol kein Weg übrig, auf welchem ſie zu ienen Allodien gelangen könnten. Dieß wäré nun der Weg, auf welchen der Grav Conrad zum Burg-gravthum Nürnberg gelanget iſt --- --- Wenn man alle Umſtände zuſammen nimmet: ſo fallen alle Zweifel weg. Aber vielleicht machen Euer Wolgeborn eine Einwendung. Vielleicht wenden Sie ein, der Burggrav Conrad I. hat ia eine Grävin von Abenberg zur Gemalin gehabt. Von dieſer iſt ia die Gravſchaft Abenberg an das Burggravthum Nürnberg gekommen. Und wenn der Burggrav Conrad I. und ſeine Gemalin in dem Egidienkloſter begruſtet ſind; warum hat ſich ſein Sohn und warum hat ſich ſeine ganze Nachkom-menſchaft nicht in ienes Kloſter und vielmehr in das Kloſter Heilsbronn begra-ben laſſen? Ich läugne nicht, daß der Burggrav Conrad I. eine Grävin von Abenberg zur Gemalin gehabt hat. Die Gravſchaft Abenberg, welche an das Burggrävliche Hauß gekommen, iſt hierüber der ſicherſte Beweiß. Später kann dieſe Acquiſition nicht geſchehen ſeyn. Im Jahr 1181. ſturb das Aben-bergiſche Hauß aus. Folglich muß um dieſe Zeit die Gravſchaft Abenberg an das Burggravthum Nürnberg gekommen ſeyn. Ebender kann dieß nicht geſche-hen ſeyn. Die Graven von Abenberg werden ia ihr Stammhauß nicht bei le-bendigen Leibe weggegeben haben. Es kann dieß auch nicht ſpäter geſchehen ſeyn. Das Burggrävliche Hauß hat die Abenbergiſche Erbſchaft angetretten: ſo bald dieß Hauß ſeine Endſchaft erreichet hat. Der Burggrav Conrad hat, bei ſo geſtalten Sachen, gewiß eine Grävin von Abenberg zur Gemalin gehabt. Aber es giebt ia Exempel, daß man zwo und mehrere Gemalinen gehabt hat. Es kann alſo beides beiſammen ſtehen. Vielleicht hat ſeine erſte Gemalin nicht lange gelebet? Es iſt dieß möglich. Es iſt dieß auch höchſtwahrſcheinlich. So viel iſt auch gewiß, daß er wenig Kinder, und vielleicht nur einen Sohn, näm-lich den Burggraven Friederich I. hinterlaſſen hat, welcher ganz gewiß von der Grävin von Abenberg gebohren worden, und davon die Urſache wird gleich angegeben werden. Daß aber die Herren Burggraven ihr Erbbegräbnis nach-gehends in dem Kloſter Heilsbronn erwählet haben, davon iſt die Urſache auch zu errathen. Die zwote Gemalin des Burggraven Conrad I. war eine Grävin von Abenberg. Die Graven von Abenberg hatten ihr Erbbegräbnis in dem Kloſter Heilsbronn. Die Burggrävin ließ ſich zu ihren Aeltern begraben; da-von ich die Urſache ſchon oben angegeben habe. Der Sohn dieſer Burggrävin Friederich I. ließ ſich zu ſeiner Mutter begraben, und vielleicht aus beſonderer Liebe gegen ſie und gegen das Abenbergiſche Hauß. Die Nachkommenen des Burggravens Friederich thaten ein gleiches. Die Graven von Abenberg ſind

G 2   alſo

also die Ursach:, warum die Herren Burggraven ihr Erbbegräbnis in dem Kloster Heilsbronn erwählet haben. Vielleicht war eine Staatsursache auch dabei --- --- Der Burggrav Friederich I. ist gewiß der erste unter den Herren Burggraven, welche sich zu Heilsbronn begruften lassen. Dieß bezeuget sein Todenschild in diesem Kloster. Von dem Burggraven Conrad I. ist keiner vorhanden. Und ganz gewiß ist er derjenige, dessen in dem Heilsbronnischen Todenkalender unter dem 25. Januar also gedacht wird: Friderici Comitis *Cancellarii* de Nurnberg et vxoris --- Vorher kommt unter dem 22. Januar ein Fridericus Burggrauius vor. Ganz gewiß ist der leztere der Burggrav Friederich, welcher eine Herzogin von Meran und von Sachsen zu Gemalinnen hatte. Dieser Gemalinnen wird nicht gedacht. Die erste lieget im Kloster Langheim und die andere in Nürnberg begruftet. Darum wird ihrer hier nicht gedacht. Aber, wer soll der Fridericus Comes et *Cancellarius* de Nurnberg seyn? Was soll ein Cancellarius in Nürnberg machen? Und noch dazu ein Canzler, der dabey Grav ist? Dieß sind, nach Beschaffenheit selbiger Zeit, widersprechende Dinge. Die Canzler waren in damals geistliche und obgleich gar viele Cancellarii grävlichen Standes gewesen sind: so haben sie doch den grävlichen Titel nicht geführet. Ganz gewiß ist hier das Wort Cancellarius verschrieben. Ganz gewiß soll es Castellanus heissen. Ganz gewiß soll also gelesen werden: Fridericus Comes et Castellanus in Nurnberg --- --- Denn man findet, daß der Grävliche und der Burggrävliche Titel bei dem Zollerischen Hause ist gar oft zusammengesezet worden. Also muß ganz gewiß gelesen werden. Nimmermehr kann es Cancellarius heissen. Und ein anders Wort findet auch nicht Statt oder reimet sich zu dem Wort Comes --- Aber woher kommt dieser Fehler? Im Jahr 1483. wurde jener Todenkalender neu abgeschrieben. Vielleicht war in dem alten Exemplar das Wort Castellanus verblichen. Vielleicht war es abbreviret? Vielleicht stunde nur Callnus ode, dergleichen daselbst. Daraus hat nun ein einfältiger Mönch einen Cancelarium gemachet. Also sind die Seelenmessen nicht für einen Burggraven, on dern für einen Canzler gelesen worden. Dieß war ein grosser Fehler --- (Die Seelenmesse wird also wenig genuzet haben --- Stünde das Kloster noch : so würde es wegen dieses Fehlers einen grossen Streit bekommen --- --- Einen andern grossen Fehler, welcher in eben diesem Todenkalender stehet, und welcher die Christina Regina in Rotenburg betrift, habe ich an einem andern Ort bemerket. --- ---

Jezt muß ich noch einmal an das Kloster Mönchsteinach und an dessen Advocatie gedenken. In den Baireuther wöchentlichen Nachrichten habe ich einen Weg angezeiget, auf welchen die Herren Burggraven mögten zur Herrschaft Cadoloburg gelanget seyn. Inzwischen habe ich meine Meinung nothwendig ändern

dern müssen. Vielleicht rühret die Herrschaft Cadolsburg aus der Verlassenschaft des Burggravens Gottfried her? Ich vermuthe dieß daher. Warum
hat das Kloster Mönchaurach diesen Gottfried zum Schuzherrn erwählet? Nicht
nur um der Freundschaft willen, in welcher er mit den Graven von Höchstätt
stunde. Er muste diesem Kloster auch nahe seyn. Nürnberg, wo seine ordent-
liche Residenz war, dieser Ort war zu weit entfernet. Er mußte diesem Kloster
näher seyn. Cadolsburg lieget diesem Kloster viel näher. Das Amt Hagenbüchach ist ein Theil von der Herrschaft Cadolsburg. In diesem Jurisdictionsamt lieget das Kloster Mönchaurach (1) und dessen meisten Güter. Vielleicht
gehörte die Herrschaft Cadolsburg dem Burggraven Gottfried? Vielleicht erwählte jenes Kloster diesen Burggraven besonders deswegen zu seinem Schuzherrn; weil er ihm in Absicht der Herrschaft Cadolsburg so nahe war. Vielleicht erbte der Grav Conrad von Zollern mit dieser Herrschaft auch so gleich die
Advocatie über jenes Kloster? Es ist dieß alles möglich gewesen. Es ist dieß
auch höchst wahrscheinlich. So viel ist gewiß, daß wenn diese Herrschaft nicht
von dem Burggraven Gottfried herrühren solte, sie doch ganz gewiß aus der
Abenbergischen Erbschaft herkommen müsse. Von den Herzogen von Meran
kan sie ohnmöglich sich herschreiben. Ich wollte die Ursachen gleich angeben,
wenn ich nicht so weitläuftig gewesen wäre. Doch darf ich nicht befürchten,
daß Euer Wolgeborn deswegen auf mich unwillig werden. Sie lieben die
Gründlichkeit. Mein Vorsaz war, gründlich zu seyn. Folglich darf ich nicht
besorgen, daß ich zu weitläuftig gewesen, und daß mein weitläuftiger Vortrag
zum Eckel geworden seye. Wie groß würde nicht aber die Ehre für diese Muthmassungen seyn, wenn Sie selbige prüfen, und wenn Sie Dero Zweifel mitthei-
len mögten, wenn einige vorkommen sollten.

Die göttliche Vorsehung lasse Euer Wolgeborn noch lange leben, und
zwar zur Zierde unsers Vaterlandes noch lange leben — Sie lasse Sie diejeni-
ge Würde noch lange begleiten, welche ich Sie schon auf dem Gymnasio zu
Baireuth im Geiste begleiten sahe, (als ich zu eben dieser Zeit dieses Collegium
besuchte) und welche Sie bisher mit so grossen Ruhm begleitet haben — und damit Sie die Welt mit noch mehrern Schriften erfreuen können, als es vor einigen Jahren geschehen ist — —

Mark Erlenbach
am 26. März 1772.

P. S.

P. S.

Noch muß ich anmerken, daß das Kloster Mönchaurach sich nicht besonders bereichert habe. Darum wird es in der obigen Urkunde ein armes Kloster
genennet. Von dem Kloster Mönchsteinach, wo auch Benedictiner, wie zu
Mönchaurach waren, kan man ein gleiches sagen. Das Kloster Heilsbrunn
aber hat es weiter gebracht. Die Ursache davon mag diese seyn. Ehe der Cister-
cienserorden aufkam, waren die Benedictiner im grossen Ansehen, und zwar wegen der guten Schulen, welche sie hatten. Sonst gab es bekannter Massen keine Schulen. Dadurch erwarben sie sich ihre meisten Güter. Im dreizehenten
Jahrhundert fiengen sie an, nachläßig zu werden. Die Cistercianser, welcher Orden erst aufgekommen und also arm war, wußten sich dieses zu Nutzen zu machen.
Sie wußten sich in die Leute zu schicken. Sie demüthigten sich auf alle Weise.
Sie unterrichteten auch die Jugend auf das sorgfältigste. Dadurch kamen die
Benedictiner in Verachtung. Die Cistercienser aber kamen in Ruf und dadurch
zu grossen Reichthum. Nun wird man leicht die Ursache errathen können; warum jene Benedictiner Klöster sind nicht so reich geworden, als das Cistercienser
Kloster Heilsbrunn. Im leztern Kloster war beständig eine gute Schule —
Ueber dieß wurden die Mönche dieses Ordens audaces ac imprudentes genennet. Man darf nur die Urkunden des Klosters Heilsbrunn lesen und besonders
diejenigen, welche von den Herren Burggraven in Nürnberg herrühren: so wird
man finden, daß die Mönche dieses Ordens auf das deutlichste characterisiret
sind. Sie haben ja die Herren Burggraven beständig angelaufen. Sie haben
sich von ihnen beständig schenken lassen. Ja, sie thaten nicht leicht einen
Kauf, wobei die Herren Burggraven nicht zugegen waren. Doch
hat das Fegfeuer dabei auch das seinige gethan — — —